ちくま文庫

仕事に生かす地頭力

問題解決ピラミッドと9つのレッスン

細谷功

筑摩書房

はじめに

私たちの日常は「問題解決」の連続です。

「問題解決」といっても、難しい数学の問題や長期間の複雑なプロジェクトのことだけではなく、毎日の会議や資料作成、あるいは日常生活における旅行の計画や買い物など、およそ「自分の頭を使ってなんらかのアウトプットを出す」という行為はすべて問題解決といえます。こうした問題解決はちょっとした考え方の方法論を活用して考えるのとそうでないのとでは、天と地ほどに成果の差が出てきます。

本書では、主にビジネスパーソンを対象として、そうした基本的な「ものの考え方」を実際のビジネスの場面でどうやって実践すればいいかを対話形式で具体的に示しました。日ごろ行っているコミュニケーションや仕事の計画、あるいは会議やプレゼンテーションといったありとあらゆる場面で、こうした「ものの考え方」が適用できるというのがこの本のキーメッセージです。

「結論から」「全体から」「単純に」という、いつもの「地頭力」のキーフレーズは変わりません。今回はそれをさらに実践的に活用できるフレームワークとして、「問題解決ピラミッド」というものを紹介します。これは、私が普段のコンサルティング活動や著作活動などで常に心がけている「Why→What→How」という思考の手順を形にしたもので、文字どおりどんな場面にでも適用が可能であることを各章で具体的に紹介しました。

本書はタイトルを『地頭力のココロ』としました。「ココロ」とは、問題解決の本質、つまり表面的でない本当に重要なこと、なんにでも応用が利く基本原理であり、本書のテーマである「ものの考え方」の原理原則です。さらにこの「ココロ」という言葉には単なる形式的な論理といったものだけでない、人間の気持ち、心理といったものが含まれています。当たり前ですが、ビジネスというのは人間が主役です。したがって「人間」を抜きにした問題解決の方法論というのはあり得ません。本書ではこの「人間」という矛盾だらけのやっかいな生き物を日々の問題解決でどうとらえたらいいかというテーマも併せて扱っています。

本書の中心となる想定読者は、ビジネスの世界に入って数年が経過した駆け出しビジネスパーソンです。そうした「ひと通りの仕事を経験した人」に対して仕事の全体像を再度見直していただくとともに、「問題解決」という一つの一貫したものの見方、考え方を通じてそれらを再度体系立てて整理していただくことを目的としています。これまでの著書で述べてきた「ものの考え方」の具体的な応用の仕方を実際のビジネスの現場でどう活用すればいいか、ということの集大成という位置づけにもなっています。

本書の構成は以下の図のようになっています。

まず「問題解決ピラミッド」をはじめとする方法論の基礎を解説し、それから仮想的なプロジェクトでのさまざまな場面を通じてその実践と応用を解説していくという構成です。

本書の構成

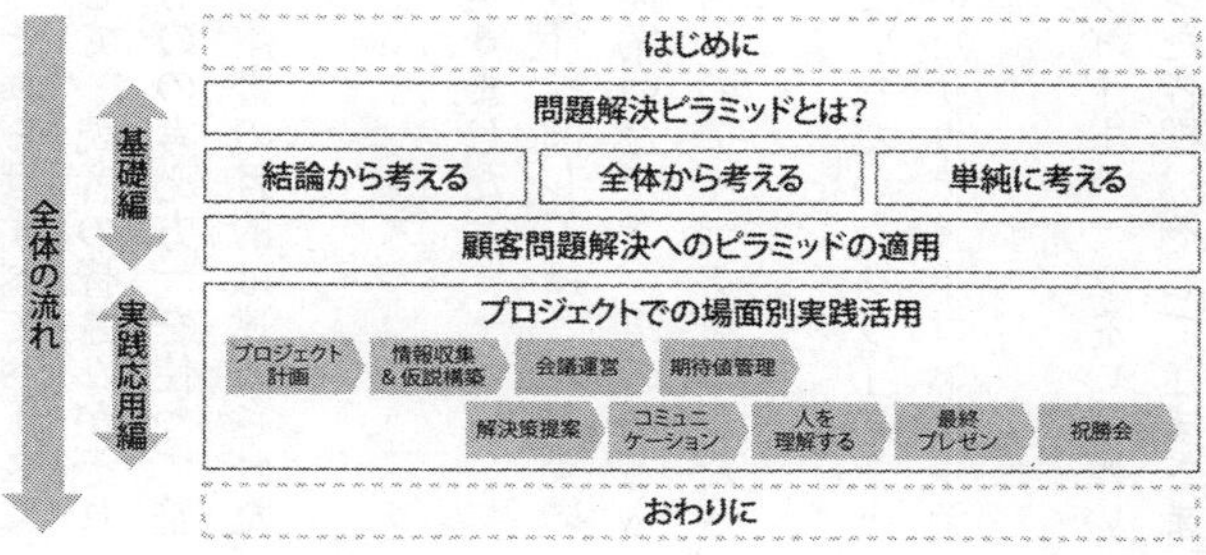

本書には直接明日から使える方法論も書いてありますが、それらはすべてベースになる「ものの考え方」を伝えるためのものです。本書を通じて、読者の皆さんがそれまでの頭のなかのバラバラの知識や経験を、体系立てた「ものの考え方」を使って整理をし、さらなる飛躍に向けての一助としていただければ、本書の目的は達成されたことになるでしょう。

本書は、企画をいただいてから約二年でようやく完成に至りました。ソフトバンク クリエイティブの錦織新さんには、当時著作に関してほとんど実績もない私に「わかりやすい問題解決の本を」という企画を提案いただき、そのあとも執筆活動をうまくフォローくださるとともに、楽しいイラストのアイデアをいただき、ありがとうございました。

また、これまでの私のコンサルティングキャリアを支えていただいたクライアントの皆様、草稿段階からさまざまなフィードバックをいただいたザカティーコンサルティングの同僚に感謝いたします。

さらにこれまでの著作に対して、ブログやSNSの場でフィードバックをいただいた読者の皆様、講演会やセミナーで励ましの言葉をくださった皆様、そしてさまざまな相談に乗っていただいた著者仲間の皆様に感謝致します。

以上、一人ひとりお名前を挙げられない非礼を、この本を作っていく過程で折に触れて感謝の念を持って想起していることをもってお許しいただきたいと思います。

最後に、いつも心の支えになってくれている家族に感謝します。

細谷　功

二〇〇九年四月

仕事に生かす地頭力――問題解決ピラミッドと9つのレッスン　目次

Part 2 【応用編】プロジェクトを成功に導く

イントロダクション……「くされ縁（？）の始まりは」

ボクの名前はマサヤ。

ニッポンシステムに入社して三年目の営業担当ＳＥです。

ボクの会社は管理会計のパッケージソフトウェアやＷｅｂ関連のシステム開発を取り扱っています。そこで商品に興味を持っていただいたお客様からの要望を聞いて、簡単なカスタマイズをしたうえでデモンストレーションをしたり、お客様固有の使い方を商品に反映した提案書を作ったり、導入のアドバイスをしたりするのがボクの仕事です。

これまでは先輩とペアでお客様との商談の場に連れていってもらって勉強させてもらっていましたが、最近では一人で訪問ができる機会も増えてきて、仕事がおもしろくなってきたところです。

そんなボクは、去年の暮れにスノーボードで北海道に行った帰りの飛行機のなかで、隣の席に座っていた謎の年配の男性に出会いました。ボクが機内でコーヒーをぶちまけるっていう最悪の出会いだったんですが、実はその人、ボクがよく行く房総のサーフィンスポットのすぐ近くに住んでいるっていうことがわかりました。コンビニで立ち読みしてたらいきなり後ろから「おい、こんなところで何してるんだ」って……振り返ったら、この前の飛行機の人じゃないですか。「うちはこのすぐそばだから、ちょっとお茶でも飲んでいかないか。この前の『お返し』するよ」っていうのでついて行ったら、おいしいコーヒーとシュークリームをごちそうしてくれたんです。おまけにそこでおしゃべりしてたら、その人は昔、ボクの今の仕事に近いような仕事をしてたってことがわかったので、その後ちょくちょくサーフィンの帰りに寄って、仕事の相談をするようになったんです。何がきっかけだったかは忘れたけど、ボクはその人を「ドクさん」ってよんでいて、今ではすっかり「問題解決の師匠」になりました。

皆さんにもその「週末講義」の様子をのぞいてもらうことにしましょう。

【そのほかの登場人物紹介】

ドクさん

マサヤがスノボ旅行の飛行機で出会った謎の人物

物理の博士号を持っている（らしい）

大企業に何年かいたあと、シリコンバレーで起業した（らしい）
ＩＴバブルのあと引退し、最後はコンサルタントをやっていた（らしい）
口ぐせは「結論から」「全体から」「単純に」
引退後はさすらいのギャンブラー生活を送る
趣味は競馬と人間観察
自称〝アラシー〟世代（要は六〇過ぎのことらしい）

りようこ

ニッポンシステム、入社八年目
マサヤが新入社員のときのメンター（相談相手）で
今は隣の課にいる
仕事には手を抜かないが、プライベートもきっちり楽しむワークラ
イフバランス派
アラサー世代

ジンナイ常務

ニッポンシステム、営業担当常務
社内プロジェクトの総責任者（予算のスポンサー）
〝アラフィフ〟世代（五〇代前半）

アタラシ課長

ニッポンシステム、営業二課課長
マサヤの上司
（社内プロジェクトのリーダー。実質的にはマサヤに任せる）
昔ながらのスタイルを持った管理者
アラフォー世代

仕事に生かす地頭力——問題解決ピラミッドと9つのレッスン

本文イラスト　盛本康成

Part 1

問題解決の基礎を知ろう

問題解決ピラミッド
……「Why → What → How で考える」

ドクさんが自分と似たような業界での経験もあると聞いたマサヤくん、ドクさんに仕事を進めるうえでの「ものの考え方」を伝授してもらうことになりました。今は隣の課にいますが、マサヤくんが新入社員のときのメンターでそのあともいろいろと相談に乗ってもらっていたりょうこさんにこの話をしたところ、ぜひいっしょに話を聞いてみたいっていうことで、同席することになりました。りょうこさんは会社の帰りにいろいろな学校やセミナーに通ったりして、自己啓発意欲がとっても旺盛なビジネスウーマンです。いよいよ、マサヤくんとりょうこさんへのドクさんからの問題解決の基礎講義の始まりです。

マサヤ「ドクさん、こんにちは。お言葉に甘えていろいろと教えていただくことにしました。でも全部タダですよ（笑）」

ドク「まあ、ひまな人間の話し相手になってもらうってのもいいだろうから、ご遠慮なく」

マサヤ「こちら、メールでお知らせしておいた同じ会社のりょうこさん。ボクが新入社員のときに『メンター』っていう、相談相手になってもらっていた人です。今は隣の課に移ったんですけど、たまに仕事の相談に乗ってもらったりしていました。自分でも学校やセミナーに通って勉強しているみたいで、今回の話をしたら、ぜひいっしょに聞いてみたいっていうんで連れてきたんです」

ドク「りょうこさん、はじめまして。よろしく」

りょうこ「こちらこそ、よろしくお願いします。今までもいろいろと問題解決っていう分野の勉強をしていたので、そういうことのまとめも含めてぜひお話を伺ってみたいと思っておじゃましました」

ドク「そりゃ大歓迎ですよ。じゃあ、まずはコーヒーでも入れようか」

（コーヒーが入って）

マサヤ「いただきます。では早速『講義』のほう、お願いできますか？」

ドク「まずは問題解決ピラミッドの話から始めようか」

マサヤ「ピラミッドですか？」

ドク「そう。まあピラミッドといっても特別なものではないんだけどね。ただほとんどの問題解決っていうのは、この構造を意識しておけばうまく取り組めるよ」

マサヤ「そんなに使い道が広いものなんですか？」
ドク「およそ『問題解決』と名のつくものであればなんにでも適用が可能だよ」
りょうこ「そもそも『問題解決』ってよくいいますけど、一体それってなんなんだろうって思いますけどね」
ドク「確かにそうだね。まずは『問題』って一体なんなんだっていう話になるね」
マサヤ「改めて考えてみると、なんだかよくわからないですね。パズルの問題、人生の問題、会社のなかの問題、お客様の問題……」
ドク「まあ難しく考えなくても、私たちが毎日暮らしていくっていうのは毎日が『問題』を解決していくことの積み重ねっていっても間違いないね。『今日のランチはどこで何を食べようか』っていうのも問題だし、『旅行に何を持っていこうか』っていうのも問題だし、『どこの会社に就職しようか』っていうのも問題だね。またビジネスっていうのも突き詰めていけば、『お客様の問題を解決すること』っていうことにもなるね」
りょうこ「そう考えると、私たちの日常生活や会社で起きていることはすべて問題解決っていうことになるんですよね」

図表1－1　問題解決ピラミッド

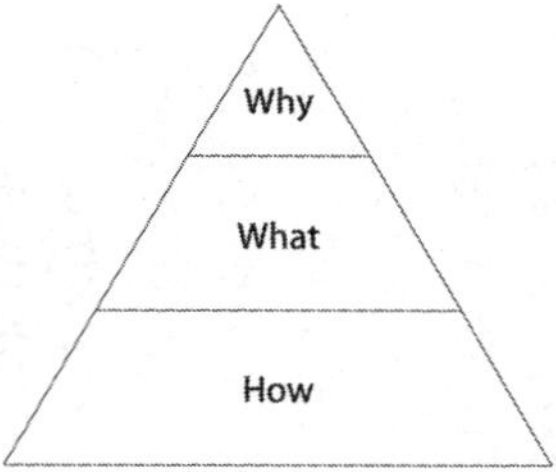

マサヤ「その問題解決に使うピラミッドっていうのはどんなものなんですか？」

ドク「まあ、もったいぶって言うほどのものではないんだけど、こんな構造になっている（図表1－1）」

（ホワイトボードにピラミッドの絵を描く）

マサヤ「たったこれだけですか？」

ドク「そう。物事の本質的なことはすべてシンプルにできているものさ。またシンプルであればあるほど、応用が利くというのも世の中の道理だね」

マサヤ「そういうもんですかねえ」

りようこ「意外にそうかもしれないわね。なんとなくわかるような気もするわ」

ドク「まあ、それはこれから具体的にそのメリットを味わってもらおうか」

マサヤ「では、中身のほうを教えてもらえますか？」

ドク「まずはそもそもWhyとは何か、Whatとは何か、Howとは何かについて説明しておこうか」

マサヤ「もちろん英語の文字どおりの意味だったらわかりますけどね。Whyは『なぜ』でWhatは『何』でHowが『どうやって』ですよね」

ドク「そのとおりだ。基本的にこのピラミッドで言っている意味もそういうことなんだけどね」

りょうこ「その言葉の奥が深いっていうことですね」

ドク「いろいろに応用できるっていうことだね。まずは文字どおりの意味の応用からいこうか。まず、Whyっていうのがなぜ、つまり『理由』『原因』とか『目的』だね。これが一番重要な言葉だ。問題解決のすべての出発点がここにある。そして次がWhat、これがその目的を達成するために『やること』だ。そしてHowがその施策をやるための『具体的なやり方』ということになる」

マサヤ「目的↓やること↓具体的なやり方というわけですね」

ドク「そういうことだ。これらの一つひとつにはすべて『目的と手段』という関係が成り立っている。だから実はWhyの上にも『WhyのWhy』みたいなのをさかのぼっていくこともできるし、Howの下にも『HowのHow』みたいに具体化していくこともできるっていう関係だ(図表1-2)。だから問題解決ピラミッドっていうのは、定義次第でいろいろなレベルで使うことができるんだ。いくつか応用例を挙げてみよう。

例えば最初の例は企業の戦略っていうものを表現してみよう(図表1-3)。一番上にあるWhyが、会社としてのミッションやビジョンだ。これが最終目標だよね。そ

図表1-2　Why/What/Howの相対的関連構造

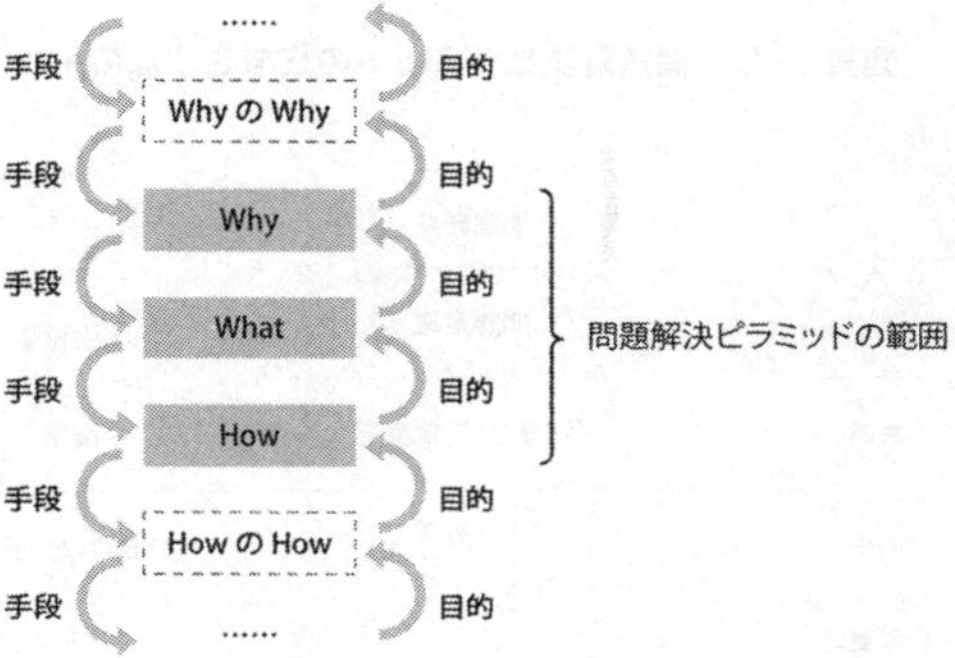

れを実現するためにやるべきWhatが戦略だ。そして、それを実現するための手段が戦術ということになる。これはビジネスのオペレーションといってもいいかもしれないね」

マサヤ「なるほど」

ドク「あるいは、今我々が扱っている『問題解決』っていうのも、大きく考えればこの三段階と考えることができる。まず一番上のWhyっていうのは、問題そのものを認識すること。あるいは問題発見という言い方もできるね。『何か解決しなきゃいけない問題がある』って強く意識することだ。実はこれが問題解決では一番大事なんだ。そもそも認識されていない問題は解決のしようがないからね。『気づき』っていう言葉

図表1-3　問題解決ピラミッドのさまざまな応用

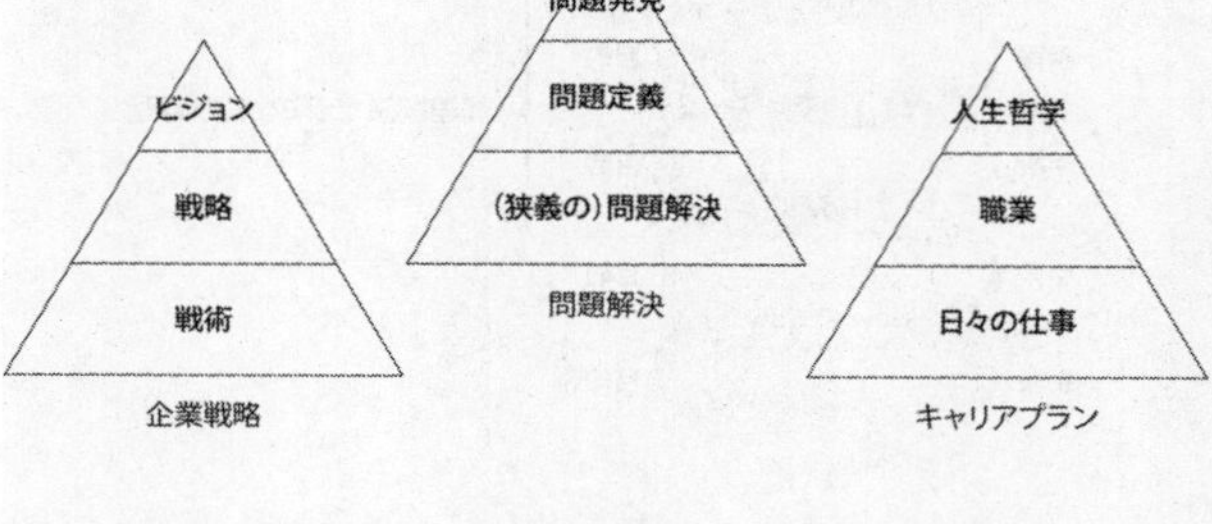

もこれと同じだね。『動機づけ』といってもいいかもしれない。英語の勉強だって、体質改善だってそうだよね。それが問題だって気づいて、やる気になることがそもそもの始まりだっていうことさ。次に、ここで発見された問題を定義する。つまり対象としてどこまでを解決する必要があるのかっていう『線引き』をして、問題を明確に決定するっていうのがWhatだ。そしていよいよ定義された問題を実際に解決する。これがHowだよ」

マサヤ「そう考えると、例えば何かの試験問題みたいなものを解くっていうのは、ここでいえば『最終段階』だけやっているっていうことなんですね」

ドク「そういうことになるね。試験問題になっているっていうことは、問題が誰にとってもあいまいさがないように明確に定義されているっていうことだからね。実世界ではそうはいかないよね。その前段階で『何が一体問題なのか？』っていうことが、実は扱うのがやっかいだからね」

りょうこ「キャリアプランっていうのもWhy/What/Howで考えると整理できるんですか？」

ドク「そうだね。基本はいっしょだ。Whyっていうのは、『どういう仕事人生を歩みたいか』ってことだ。そこには自分の人生哲学とか、好みとか、いろいろな意味での価値観が入ってくるよね。そこから、どの職業か、つまりWhatが決まってくる。そこで選んだ職業で実際に毎日どんなふうに仕事をしていくかっていうのがHowだ」

りょうこ「でもそんなふうに『そもそも自分はどんな人生を歩みたいか』って考えてから職業を選ぶ人ってそんなにいるかしら？　実際にはあまりそういうこと、考えないで選んでいる人のほうが多いような気がするけど……」

ドク「まあ、そうだね。実際には、まずは職業を決めてしまってその職業で何年かやっているうちに自分がどうしたいのかっていうのが見えてきて、それでまた新たに転職するっていう人だっているよね」

マサヤ「その場合って、一度ピラミッドを上に登ってから、また別の下り口から下りてきたみたいなイメージですよね」

ドク「そのたとえはいいね。そういう人のほうが実際には多いかもしれない。でも重要なのは、後付けでもなんでもWhy/What/Howをすべてセットでとらえて毎日仕事している人っていうのは強いってことだよ。毎日の仕事をしていれば、いろいろ大変なことだってあるだろう。それを『なんのため』っていう最終目的がはっきりしていれば、仕事の優先順位をつけたり、短期的にでもつらいことに耐えられたりするだろうからね。大きな仕事を成し遂げる人っていうのは、人生の早い段階でその人なりの Why を見つけた人だと思うね」

りょうこ「私の Why はまだぼんやりしている程度だから、早く頭のなかですっきりさせたいですね」

ドク「まあ、そんなに焦らなくても、この構造を頭のなかに入れて毎日を過ごすだけでも『ものの見方』が変わってきて、ある日自分のなかですっきりしたりすることがあるんじゃないかな」

マサヤ「ドクさんも初めからすっきりしていたわけじゃないんですか?」

ドク「私だって君の年代のときは毎日迷いの連続さ。いろいろやってみて、だんだんとこの構造がはっきりしてきたような気がするよ」

マサヤ「なるほど。そういうものですかね。ここまで説明してもらって、やっとWhy/What/How の関係のイメージがつかめてきたような気がします。ちょっと質問なんですが、これら三つと、よくいわれる５Ｗ１Ｈとかっていうのとはどういう関係になっているんですか?」

ドク「なかなかいい質問だ。５Ｗ１Ｈっていうのは、中学校だかで習うから誰でも知っていることではあるんだが、実際に使いこなしている人っていうのはほとんどいないね。これも応用範囲がめちゃくちゃ広いツールだ。基本的に考え方はこの問題解決ピラミッドに似ているんだけど、『使用上の注意』がある」

マサヤ「なんですか？　その『使用上の注意』って？」

ドク「5W1Hっていうのは、このピラミッドに適用する場合には実は階層的になっていると考えればうまくいくんだ」

りょうこ「すべてが必ずしも同等ではないっていうことですね」

ドク「そのとおり。それを並べ替えると、言っていることが問題解決ピラミッドと同じになる。こんなふうにね（図表1－4）」

（対応図を描き始める）

マサヤ「なるほど。Why/What/How以外の残りはすべて広い意味での『実現手段』の表現方法だっていうことですね。そう考えるとそれらを広い意味でまとめてHowと考えるっていう問題解決ピラミッドとの関連がわかりました。例えばWhoとかWhenっていうのは、ピラミッドでいう一番下の階層で必要に応じて意識していけばいいっていうことですね」

図表1-4　5W1Hと問題解決ピラミッドとの関係

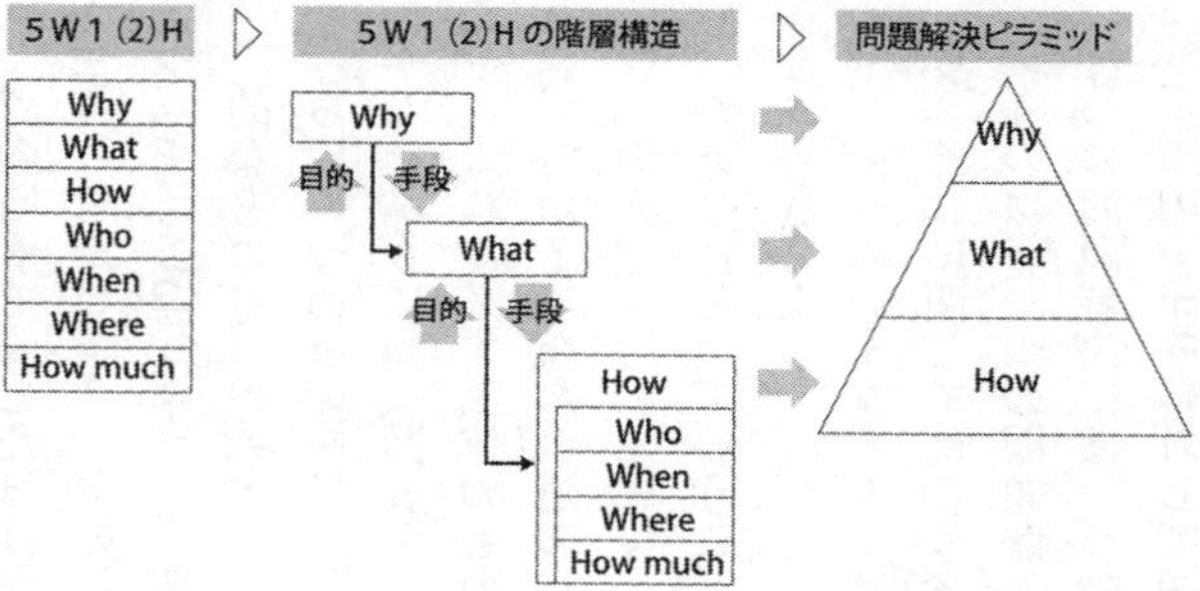

ドク「そう。例えば何かの行事をやることを考えて、問題解決ピラミッドを適用することを考えてみようか。何をやるにも一番大事なのは目的、つまりWhyだよね。それに従って、やることの項目、Whatが決まる。それから具体的に誰がどこでいつどんなふうにやるかっていう、具体的な実現手段が決まるってことだね。何をやるかっていうことの具体的表現が場所とかメンバーとか日時っていうふうに考えればいいかな」

マサヤ「わかりました。要は5W1Hも広い意味では問題解決ピラミッドと同じっていうことですね」

ドク「まあ、そう考えておけばいいね。ポイントは、5W1Hは三つの階層に分けられるっていうことだ。よりシンプルなぶん、三

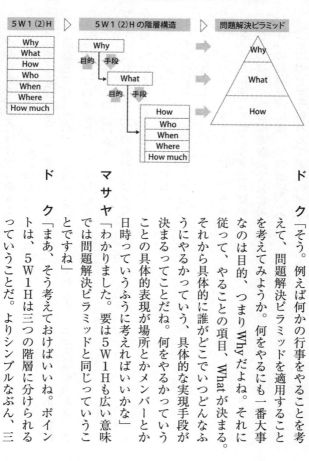

つの階層で表したほうがわかりやすいよね」

マサヤ「これがピラミッドの形になっているのは何か意味があるんですか？」

ドク「Why/What/How の関係っていうのは、上にいけばいくほど本質的で根源的なものだ。だから、一つの Why に対して対応する What は複数あり、さらに一つの What に対して対応する How は複数あるということになる。こんなふうにね（図表1－5）」

マサヤ「これは必ず上位のもの一つに対して下位のもの複数っていう関係になるんですか？　なんか逆のパターンもあるような気がするなあ……」

ドク「例えば一つの What に複数の Why、つまり一つやることには複数の目的があり得るっていうことだよね。それは確かに組み合わせの可能性としてはあり得るね」

マサヤ「そう思います。例えば、どう考えたらいいんですか？」

ドク「それに関してはこう考えればいい。あくまでも問題解決ピラミッドっていうのは、一つの問題解決で見た場合の単位っていうことだ。逆に言うと、一つの問題解決には一つの Why、つまり目的なり理由があるっていうことだ。一つの What に対して複数の Why があるっていう状態は、実は複数の問題

図表1-5 Why/What/Howの階層関連図

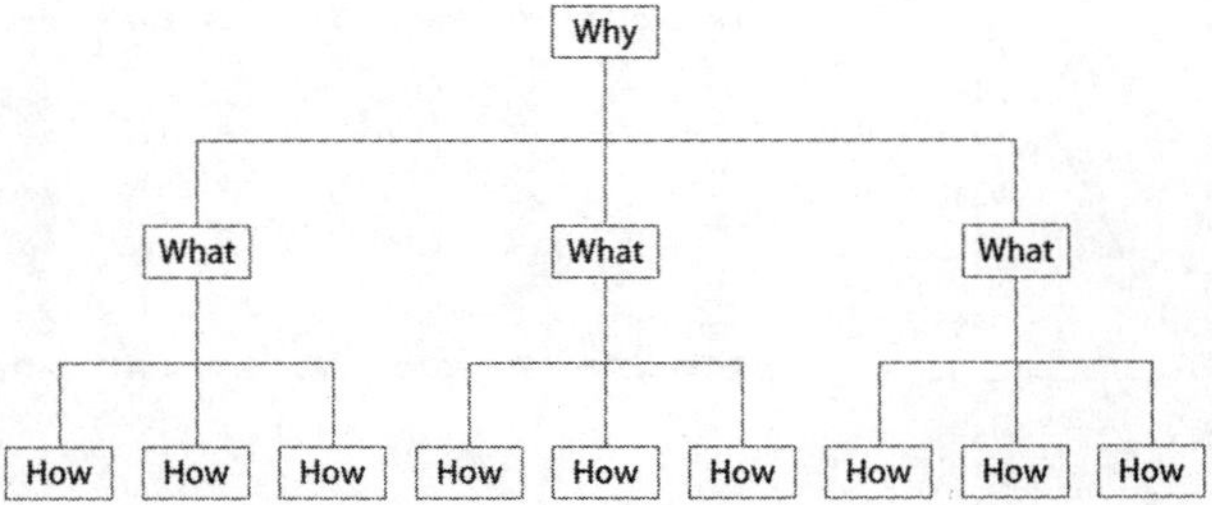

をいっしょに見ていることになるね」

マサヤ「そういうふうに考えればいいんですね。一つの問題には一つのWhyっていうふうに」

ドク「必ずしも今の時点ではすっきりしないかもしれないが、そういう定義だということを覚えておいてくれればいいかな。あとはピラミッドの上下方向の軸の特徴をまとめて説明しておこうかな（図表1-6）」

マサヤ「特徴ですか？」

ドク「そう。今はまだぴんとこないかもしれないが、これからいろいろな応用例を説明していくときに思い出してもらうといいと思うよ」

マサヤ「わかりました。どんな特徴があるんですか？」

ドク「このピラミッドの縦軸には、絵で描いた

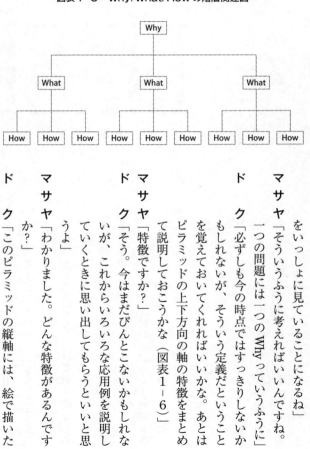

図表1-6　問題解決ピラミッドの階層の特徴

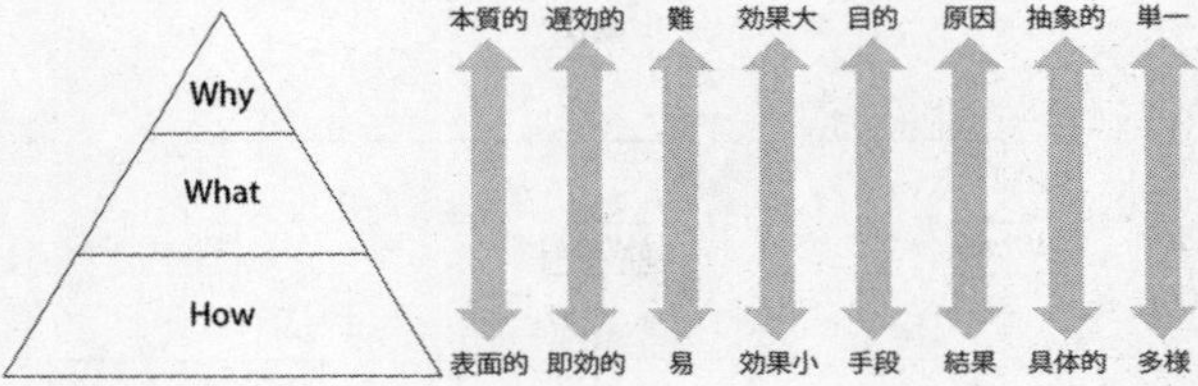

ような特徴がある。端から説明していこうか。まず上にいくほど、つまりWhyを追求するほど、ものの本質に迫れる。逆に、Howに落とせば落とすほど表面的なものになる。違う見方をすると、見えやすく、具体的で手もつけやすくなるから難易度も低くて効果も早く出るようになる」

りょうこ「さっきの例の会社のビジョン→戦略→戦術の例で考えたらイメージができました」

ドク「そうだね。あるいはキャリアプランの例で考えてもいいかもしれない。今の話を軸の上、つまりWhy側のほうで考えればこれとまったく逆で、目に見えなくて抽象的で手もつけにくく、難易度も高いが、いざうまく機能した場合には効果も大きくなる。そのぶん時間もかかるだろうけどね」

まずピラミッドの全体像をつかもう

マサヤ「なるほど。イメージがだいぶわいてきました。ボクたちが日常何かやるにも、Howの話っていうのはわかりやすいから、敷居が低くて始めやすいけど、効果もそれなりだっていうことですね」

ドク「そのとおりだね。だから何をやるにもこのピラミッドの『全体像』をつかんでやることが重要なんだ」

マサヤ「一番右の『単一』『多様』っていうのはどういうことですか？」

ドク「Why、つまり本質に迫れば迫るほど、物事はシンプルになっていくっていうことだ。これはさっき言ったとおりだね。Howのほうにいけば、表面に出てくる表現方法というのはさまざまなものになるってことだ。例えば、君はよくビジネス書を読んでいるよね」
マサヤ「ええ、最近は忙しくても週末とか通勤時間とかを使って月に10冊ぐらいは読むようにしています」
ドク「なかなかの勉強家だね。でも何冊も読んでいると、『同じことが書いてある』って思うことがないかい？」
マサヤ「ああ、最近はよくありますね。結局言っていることはこの前読んだ別の人の本と同じなのかなって思ったりすること、あります」
ドク「それは君がその分野の本質を理解してきた一つの表れだよ。もちろん、文字どおりまったく同じことが書いてある本だってあるが、君がそう感じたっていうのは、書いてあることをHowのレベル、つまり具体的な事象でなくて、What、つまり一段階一般化したレベルか、あるいはさらにその上の本質であるキーメッセージ、つまりWhyにたどり着いたっていうことを意味するんだ」
マサヤ「ああ、そういうことなんですね。確かに文字どおりは同じことでなくても、裏の意味は同じなんだなっていう感じ方のこともあります」
ドク「その『裏の意味』っていうのがWhyだよ。例えば営業関係の本とかって世の中にそれこそ星の数ほどあるけど、結局ほとんどの本で言っている『Why』は『お客様のことを真剣に考えろ』っていうことさ。たとえそれが『お客の言うことは聞くな！』っていうメッセージだったとしてもそれはHowのレベルでのこと。それはめぐりめぐって結局はそれがお客様のためになるから、っていうのがその著者の言いたいことになるだろう。だって、最終的に自分のためにならないことにお金を払う人はいないからね。そんなふうに一つのWhyを表現するHowは何百通りだってあるってことだよ」

りょうこ「いちいち新しい本で毎回目からうろこが落ちているうちは、まだまだだって考えたほうがいいんですね」

ド　ク「まあ、経験が浅いうちは仕方ないけどね。そうやって読書や実際の経験を通じてWhyのレベルを追求していけばいいってことになると思うよ」

マサヤ「わかりました。問題解決ピラミッドの考え方の奥の深さが垣間見られたような気がします。これからいろいろな応用の仕方を聞いていくのが楽しみになりました」

まとめ

・「問題解決ピラミッド」とは、問題解決の考え方の枠組みであるWhy/What/How を三層構造で表したものである
・Why とは「目的」、What とは「やるべきこと」、How とは「実現手段」のことである
・問題解決ピラミッドはあらゆる問題解決に活用でき、各問題解決に応じて Why/What/How の具体的表現方法は異なる
・ピラミッドは上にいくほど本質的、根源的、抽象的で単純なものになり、逆に下にいくほど表面的、現象的、具体的で複雑なものになる

結論から考える……「すべてを逆向きに考えよ」

ドクさんからの講義が続きます。

ドク「問題解決ピラミッドの説明がひととおり終わったところで、このピラミッドを実際の問題に適用するときの基本的な考え方を説明しておこう。いつもの口癖の『結論から』『全体から』『単純に』だ」

マサヤ「確かにドクさんと話をしていて、今までもよくこの三つの言葉が出てきました。これはさっきの問題解決ピラミッドのWhy→What→Howとはどういう関係になるんですか？」

ドク「絵にするとこんなイメージになるかな（図表2－1）」

（ドクさんが絵を描く）

図表2−1　問題解決ピラミッドと「結論から」「全体から」「単純に」の関係

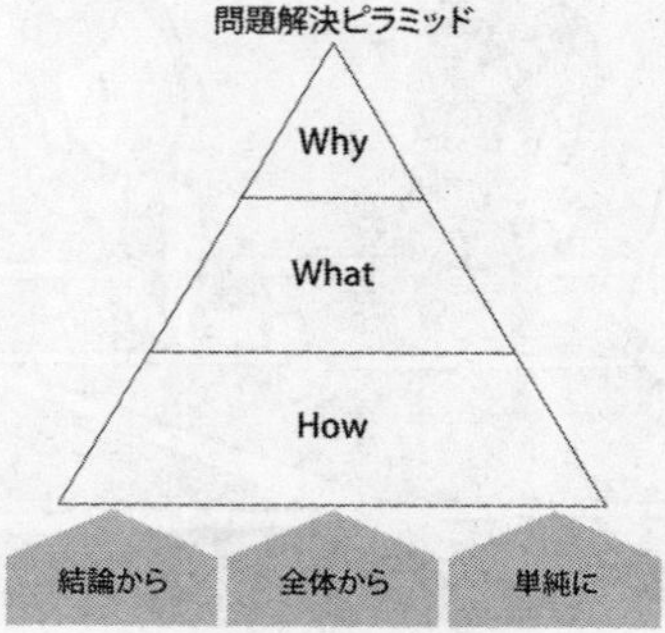

マサヤ「問題解決ピラミッドのベースにある考え方っていうような位置づけで考えればいいんですか？」

ドク「そうだね。Why/What/Howっていうのは、いろいろな問題解決の対象物にあてはめるときの入れ物であったり手順だったりという位置づけだけど、それをあてはめるときの基本となるものの考え方がこの三原則ということになるね」

りょうこ「なんとなくのイメージはできるんですが、まだ具体的なイメージがわかないですね」

ドク「まあ、仕方ないかもしれないね。これからいろいろと具体的な場面にあてはめていくから、だんだんとつかめていけばいいと思うよ。ではまずは『結論から考える』っていうことから説明していこうか」

マサヤ「よろしくお願いします」

ドク「『結論から考える』っていうのは、ひと言で言うと『すべて逆向きに考える』っていうことだ」

マサヤ「『逆向き』って何に対して逆向きなんですか？」

ドク「普段君が自然に考えているときと比べてっていうことさ。いくつか例を挙げてみようか（図表2－2）。

（ホワイトボードに表を書く）

この表の左側が君が普段、というより私も含めて普通の人が自然に考える矢印の方向だ。そして右側が『矢印が逆転している』状態だ」

りょうこ「つまり、自然に考えるのとは意識して逆向きに考えろっていうことですね」

ドク「そうだね。これらは、表現の仕方は違うが基本的に『一つのこと』を言っている。右側の言葉の共通点がわかるかい？」

マサヤ「そうですね……みんななんらかの『到達地点』みたいなものを表しているような気がしますね」

ドク「そのとおり。場所的な到達地点が『向こう』、人間関係での到達地点が『相手』、時

図表2-2　「結論から考える」とは矢印を逆向きにすること

順方向の矢印（自然な思考）	逆方向の矢印（「逆転する」）
こちらから	向こうから
自分から	相手から
現在から	将来から
始めから	終わりから
手段から	目的から
できることから	やるべきことから
実体の自分	「幽体離脱」した自分

間的な到達地点が『終わり』とか『将来』だ。別の言い方をするとこれは『ゴール志向』と言ってもいい」

マサヤ「サッカーのゴールと同じですか?」

ドク「そうだ。英語のGoalっていうことばは、サッカーとか、マラソンみたいな『最終到達地点』っていう意味と同時に『目標』っていう意味もあるのを知ってるかい?」

マサヤ「そういえば昔、受験のときに英単語で覚えたような気もします」

ドク「この言葉のすごいところは、これらが『同じ』だっていうことを一つの概念、つまり言葉で表現していることだね。日本語だとこの表のように複数で表現しなきゃいけない」

マサヤ「なるほど、さらにイメージがわいてきました。でも、そもそもこういうふうに考えるとどんなメリットがあるんでしょうか?」

ドク「それはもっともな質問だね。わざわざ普通の人が考える方法と逆向きに考えるっていうことだからね。『結論から考える』っていうのは、さっきの言葉でいう『最終到達地点』に磁石を置いてみるようなイメージと考えればいいかな」

マサヤ「磁石を置くんですか？？」
ドク「そう。絵で描くとこんなイメージかな？
(図表2－3)」
(磁石の絵を描く)
マサヤ「この矢印は何を表しているんですか？」
ドク「これは一つひとつの行動と考えればい
い」
マサヤ「ということは、磁石がない状態っていう
のは、てんでばらばらに統一がとれていな
い状態で、磁石を置いた状態っていうのは、
磁石の方向にある程度行動の方向性が統一
されているっていうことですね」
ドク「そうだね。このほうが個々の行動がより
効率的に1つの方向に向かえるっていうこ
とがわかるよね。磁石がない場合には、向
きがまったく逆のものもあるから、むしろ

図表2－3　「結論から考える」とは磁石を置くこと

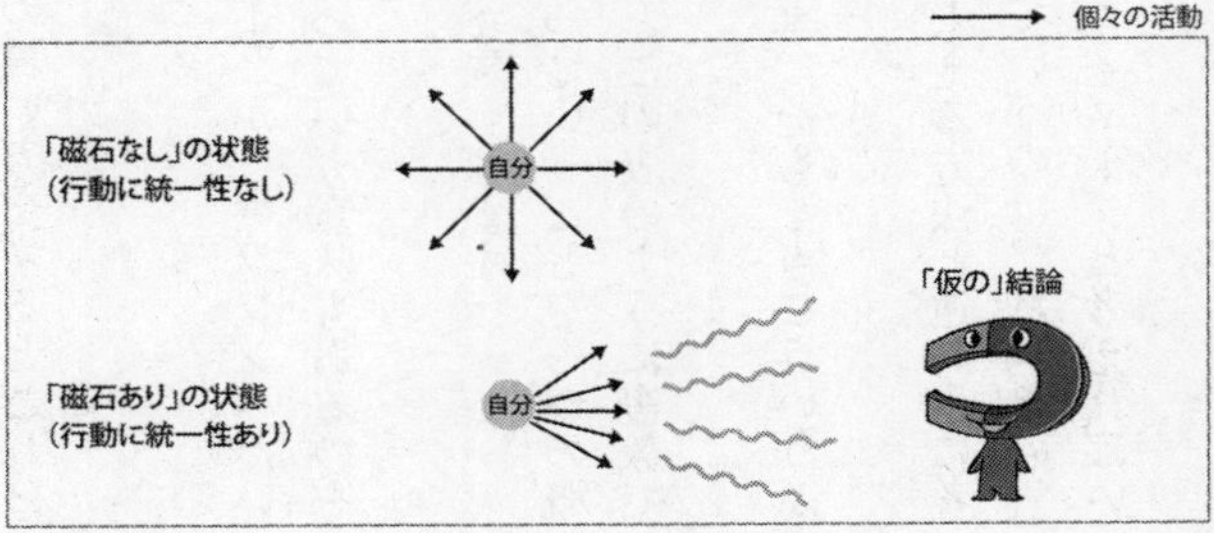

『足したらゼロ』になってしまう可能性があるよね」

りょうこ「つまり、なんの目的意識もなくてやみくもに行動しても、結果につながる可能性が低いっていうことですね」

ドク「そのとおり。だから、まず行動を起こす前に仮にでもいいから目標を置いてみて、そこから逆向きに考えてみると、そこに向けて関係のある行動と関係のない行動が明確になってくるっていうことだ」

マサヤ「それがよくいわれる『仮説』っていうやつですね」

ドク「そうだ。まさにこれは仮の結論で、必ずしも最終結論ではない。つまり、磁石の場所というのはだんだんとそこに近づくにつれて多少ずれていっても構わないっていう

目標を置いてみると、必要なものとそうでないものがわかる

ことだ」

マサヤ「具体的にはどんなイメージなんでしょうか？」

ドク「例えば何かのアンケート調査をやるとしようか。その場合になんの仮説も持たずに質問項目を設計するとどうなるだろうか？」

りょうこ「この図（図表2－3）の上みたいになるっていうことですね。あらゆる方向に可能性のある質問項目を並べていったら、いくら質問数があっても足りないですね」

ドク「そのとおりだ。それに加えてもう一つアンケート調査の場合には、ある程度『最終的にどんな形でまとめるか』という構想を持っていないと、データをとってから苦労することになる」

マサヤ「具体的にはどんな苦労ですか？」

ドク「例えば回答の選択肢の細かさとか、回答の切り口とかね。よく最終形とそこに至る道筋を考えて質問項目を設計しないと『あれを聞き忘れた』とか、『もっと細かく聞いておけばよかった……』ということになるからね」

マサヤ「後戻りが発生したり、余計な作業が発生して非効率になるっていうことですね」

ドク「そうだね。また同じことはインターネットとかで情報収集するときにもあてはまるね」

りょうこ「確かに、インターネットってキーワード検索だけでも見きれないほどの情報が抽出できるから、ある程度の方向性、この絵でいう磁石を置いておかないと、いくら時間があっても結局何やってたんだかわからなくなることありますよね」

ドク「まずは仮説を必ず立ててから情報収集を始めるっていうことが重要だよ」

マサヤ「でもそれって理屈はよくわかるんですけど、実際にやってみると難しいですよね。何も知らない分野で、仮にでも結論を持つって……」

ドク「確かにそれは理解できるし、本当に何も知らない分野であれば、まずはやみくもに情報を集めまくるというのが有効な場面があるだろう。でもそれは本当になんにもわからない場合だ。大抵の場合、何もわからないって思っているのは錯覚にすぎなくて、実は知っている情報を十分に生かしていない場合が多いんだ。その原因は気の持ちようっていうか、要は思考回路の問題だ。『結論から考える』ためには『ないない病』から脱却しなきゃいけない」

マサヤ「なんですか、その『ないない病』って?」

ドク「具体的にはこんな症状だな（図表2－4）。

（ドクさんがホワイトボードに表を書き始める）

情報がないから決められないって言っている人は、今一〇の情報が一〇〇に増えたところで決められないんだ。要するにこのタイプの人は『どんぴしゃりの正解』が欲しいと言っているだけだから。そういう『正解がある』ものであれば、あるまで探せばいいさ。でも将来の予測だとか、いろいろな企画だとか、『もともと正解がない』ものに取り組んだときには、永久に『情報がない』と言い続けることになる。思考回路が『今ある情報で最善の答えを出してみる』というふう

図表2−4 「ないない病」の症状と処方箋

「ないない病患者」の口癖

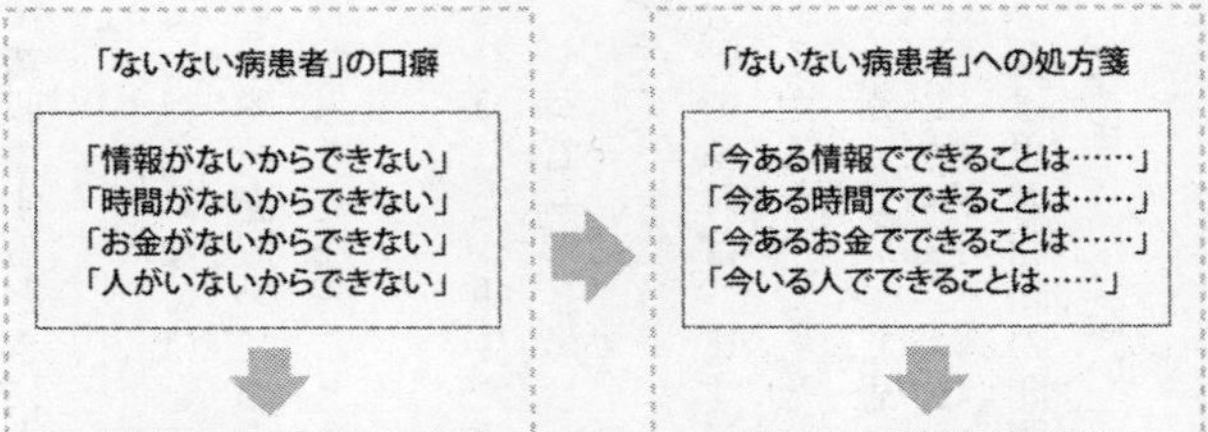
あったらあったでさらに足りなくなる
「ないない病患者」への処方箋
「今ある時間でできることは……」
「今あるお金でできることは……」
「今いる人でできることは……」
追加されれば最適活用できる

に変わらないかぎりはね。この思考回路は基本的に『時間、お金がないからできない』とか、『人が足りないからできない』と言っている人の思考回路とおんなじだ。要するに『限られたリソースで最善のことをやってみる』という思考ができないんだ。こういう考え方であるかぎり『結論から考える』っていう発想はとれない」

マサヤ「なるほど。決められないのは情報が足りないからじゃなくて、まずはある情報でなんとかしてやろうっていう姿勢がないからだってことですね」

ドク「そのとおりだ。今、年収五〇〇万で『お金が足りない』と言っている人は、考え方が変わらないかぎり六〇〇万、七〇〇万って増えていってもずっと同じことを言っているだろう。金銭感覚も上がっていくからね。『学生のときにもっと勉強しておけばよかった』って言っている新入社員は、三〇代になったら『二〇代のときに……』って言っているし、四〇代になったらなったで『もっと若いときに……』ってきっと言っているよ。本当にそう思う人は、結局残りの人生から考えたら『今日が一番若い』わけだから、その場からスタートしているはずだよ」

マサヤ「『アラシー』のドクさんがそう言うと、妙に説得力、あります。確かにボクも前にプロジェクトで死ぬほど忙しかったときに『時間ができたら会計の勉強するんだけどなあ……』っていうのが口癖でしたけど、プロジェクトが終わって二週間の休暇がもらえても結局、その分野の本一冊も読みませんでした」

ドク「少し話が長くなったが、要するに『結論から考える』ための必要条件は、この『ないない病』的思考回路から脱却することなんだ」

マサヤ「でもそれってすごく難しいですね。やっぱりついついそう思っちゃいますよね」

りょうこ「私もなんだかんだと言い訳している自分のダイエットのことを思い出しちゃって耳が痛かったわ」

ドク「誰だって、多かれ少なかれそういう思考回路は持っていると思うよ。だからいつも『自分がないない病にかかっていないか』っていうことを意識しておくことが重要だね」

りょうこ「なんだか今のドクさんの話を聞いていて不思議に感じたんですけど、『結論から考える』っていう仮説思考って、なんか純粋なロジカルシンキングの世界みたいなものを想像してたんですけど、実はよく自己啓発の本に書いてあるような時間管理みたいなものと言っていることはすごく似ていますね」

ドク「そうだね。根っこはいっしょ、っていうことかな。さっきの表で、この考え方の応用として、『向こうから』とか『相手から』とか『将来から』考えるっていうのを挙げたけど、これらもみんな根っこはいっしょだっていうことだよ」

りょうこ「例えば『相手から考える』っていうのは、ビジネスで言えば『お客様から考える』っていうことですよね」

ドク「そうそう。これができないんだなあ、なかなか。お題目だけ『お客様第一』なんて言っている会社はいっぱいあるんだけどねえ……商品を見たら技術者が趣味で作ったとしか思えないものとか、自分のノルマのことしか考えていない営業マンとかね……。すべてにおいて『ベクトルを逆転する』っていうのがいかに難しいかっていうことだね。それからとってもよくあるのが『目的がない手段』が独り歩きしているって状況だね。私は『Why なき What 病』とよんでいるがね」

マサヤ「『Why なき What 病』ですか？　具体的にはどんな症状なんでしょうか」

ドク「真の意図を伝えない表面上だけの上司から部下への指示、目的がばらばら

真意を伝えない指示は「Why なき What 病」

の会議、とにかくページ数だけは多いが何をいいたいのかわからない資料や、あとは君たちの仕事に近いところでいえば、『画面イメージの話だけで盛り上がっているシステム開発』とかだね」

りょうこ「確かにシステムを作っているときって、目先の機能とかにとらわれて、本来誰がなんのために使うものだったかって忘れがちよね」

ドク「特に技術者が話していると、よくそういう世界に入っていかないかい?」

りょうこ「おっしゃるとおりです」

ドク「それも人間がいかに逆向きに考えられないかっていうことの例だね」

マサヤ「確かにボクらの仕事は特に気をつけなければいけないのかもしれません。『結論から考える』っていうイメージ、まだなんとなくですが、わかったような気がします」

まとめ

・「結論から考える」とは、限られた情報からでも初めに仮の結論を置いて考え始めることである
・「結論から考える」ことで、すべての行動に方向性を持たせて、最も効率的に最終目的地にたどり着くことができるようになる
・「結論から考える」ためには、「ないない病」から脱却することが必要である
・「結論から考える」という考え方は、普段我々が考える方向と「逆向きに」考えることを意味する

全体から考える……「思考の癖をリセットせよ」

ドクさんからマサヤくんとりょうこさんへの基礎講義がさらに続きます。

マサヤ「『結論から考える』の次は『全体から考える』ですね。まずはなんでこう考えなきゃいけないかについて教えてもらえますか？」

ドク「そうそう。『まずはWhyから』を実践しているね。気づいたかもしれないけども、今までの、そしてこれからの私の説明も大抵はWhy→What→Howという説明になっているはずだ。意識していなくても、そう説明されるのが普通の人にとっては一番聞いていて自然に理解できるはずだからね」

マサヤ「なるほど、人に説明するのにも『問題解決ピラミッド』っていうことですね」

ドク「蛇足だけど、今の話も整理しておこうか（図表3－1）」

（他人へのトピックの説明のピラミッドの絵を描く）

りょうこ「他人への説明っていうことは、これは今みたいに講義形式で説明するときでもよければ、文書にするときも同じっていうことですよね」

ドク「そのとおり。『基本は全部いっしょ』っていうことはわかってもらえるといいね」

マサヤ「確かにいろいろなやり方を覚えても、何が難しいかって、『この場面ではこのやり方で、別の場面ではこのやり方』って言われると『どの場面でどのやり方を選べばいいか』っていう、それが難しいんですよね」

ドク「確かに、個別の方法論を読むとその場では納得したつもりでも、実際に使おうとするとうまく使えないっていうことの大きな原因の一つはそうかもしれないね」

マサヤ「そういう意味では、問題解決ピラミッドと『結論から』『全体から』『単純に』は、すべての問題解決の場面で多かれ少なかれ適用できるってことですね」

ドク「そうだね。もちろん場面によって使い方は違うけどね。それはおいおい個別に説明

図表3-1　トピックの説明への適用

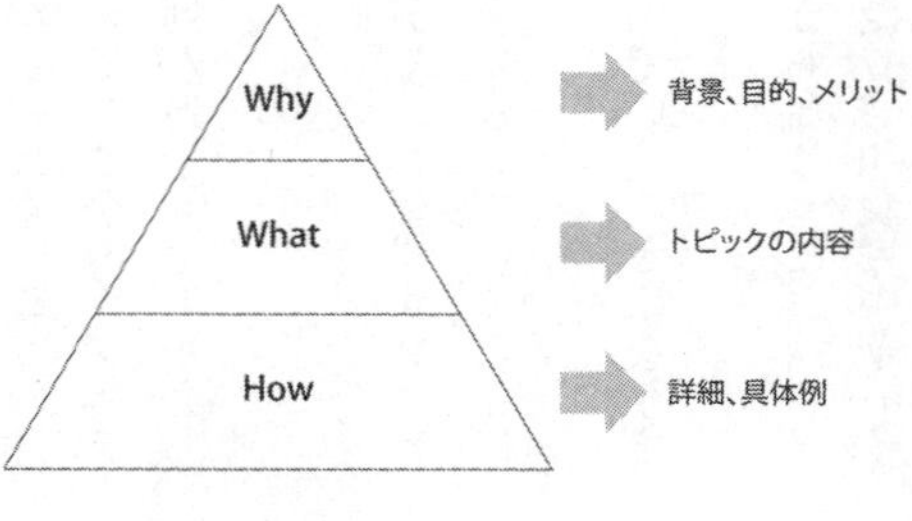

していくよ」

マサヤ「じゃあ、今は『全体から考える』の基本からですね」

ドク「ちょっと脇道にそれたが、もとに戻ろうか。『全体から考える』ことの目的だったね。こんな例で説明しようか。例えば君が初めてどこかのカフェテリアに行ったとしよう。それもかなり大きな、全体の列が何十メートルもあるようなカフェテリアだ」

マサヤ「頭のなかに思い浮かべました」

ドク「うん。今までにそんな場面でこんな経験をしたことがないかな。カフェテリアだから、まず自分のトレイを持って列に並んで順番に歩いていくことになるよね」

マサヤ「そうですね。端から一つひとつの料理を見ながら選んでいくことになりますね」

ドク「そうだよね。まずはオードブルの小皿みたいなものから始まって、次にメインディッシュが順番に野菜、魚、肉……って出てきたり、和食、中華、イタリアンって出てきたり……それからライスにパン、スープやみそ汁とかがあって、最後はデザートや飲み物とか……順番はカフェテリアによって違うよね」

マサヤ「それはある程度進んで行ってみないとわからないですよね」

ドク「そうだろう。『進んで行かないと先が見えない』よね。だからこんなふうになっちゃったりはしないかな。あんまり考えずにどんどん好きな料理をとっていったら、まだ全体の列の半分ぐらいまでしか来ていないのにトレイは既に小皿でいっぱいになってしまっていて、肝心のメインディッシュの大皿をとろうとするときにはそのスペースがなくなってしまっているとか。こんなときはどうする？」

マサヤ「仕方ないから一度戻って、そのなかで優先順位が低いものを返しにいきます」

りょうこ「私なんか小心者だから、そのまま先に進んで、ほかの人のを『おいしそうだなあ』なんて後悔しながら食べてますけどね」

ドク「ハハハ。二人の性格が出るね。あるいは逆にこんなふうにもならない？　順番に料理を見ていくんだけど、どうもいまひとつピンとくる料理がなくて、ほとんどお皿を載せていないうちにもう精算のレジがすぐそこまで来てしまうとか」

マサヤ「ああ、そういうこともよくあります」
ドク「そういうときはどうする？」
マサヤ「やっぱりまた列の途中まで戻って、それまでのなかで一番よさそうなやつを選んできますね」
ドク「この二つのケース、何が問題だったと思う？」
マサヤ「初めに全体に何があるか把握していないままスタートしたんで、後戻りしなければならなくなっちゃったんですね」
ドク「そうだよね。これは実はカフェテリアだけじゃなくて、我々が普段物事を考えるときにやってしまっていることそのものなんだ」
マサヤ「ううん、確かに思い当たるような……まず、目の前に現れた課題に飛びついて、結局それが最終的にどういう影響があるかとか考えないで、目先のことだけでいいとか悪いとか言っていることってよくありますね」
ドク「それはさっきのカフェテリアの例でいえば、初めのオードブルの小皿のところでいきなり『ほうれん草のおひたしいりますか？』っていう決断を迫られるのにも似ているね」
マサヤ「『ほうれん草のおひたし』ですか……⁇」

ドク「まあ、もののたとえだけど、いきなりそう聞かれたって、そのあとにとるメインが和食なのかイタリアンなのかによって変わるよね。そこだけで決めろって言われたってわからないことだってあるよね」

マサヤ「そりゃそうですね」

ドク「でも、我々の身の回りで起きているのは、こんな喜劇みたいな話ばかりさ。カフェテリアの入り口のところで『ほうれん草のおひたし』がいいのか、『鮭のマリネ』かっていうのを延々と喧々囂々《けんけんごうごう》話して先に進めなくなっている。『一体、あなたこのあとどうしたいんですか？』って思わず聞きたくなるけど、当人同士は大まじめでね」

A社の見積り、まだ？
ちょ…ちょっと待って!!
おい マサヤ、例の企画書できたか

目の前のものに飛びついてしまいがちな毎日の思考

マサヤ「わかる気がします。例えば、大学の講義とかも、いきなり一回目が始まって、この講義いったいどういう展開になるんだろうってまったくわからないまま二回、三回って暗闇のなかを歩くように進んで行ったり、それから、会社の会議でもそんな場面がよくあるような……」

ドク「でも、それが普通の人の思考回路だよ。『目の前のものにまずは飛びついてしまう』っていうね。本人の頭のなかでは全体像は見えているのかもしれないけれども、話している相手と共有されていないから、実質的には暗闇を進んでいるのと同じっていうパターンもあるよね。こういう考え方のデメリットは何かわかるかい?」

りょうこ「さっきのカフェテリアの例を思い出せばわかりますね。途中でおかしなことに気づいて『後戻りが生じる』っていうことですね」

ドク「そうだね。あるいは後戻りが生じなくても『ほうれん草のおひたしとチャーハンとミネストローネ』みたいなちぐはぐな組み合わせ、つまり全体最適でなく部分最適になってしまうってこともいえるね。こうならないようにするにはどうすればいいと思う?」

マサヤ「そうですね。まず初めに列の端から端まで一度全体を見て、どんな料理がどんな順番で並んでいるかを把握してから取り始めれば、そういったことは防げますね」

ドク「それがまさに『全体から考える』っていうイメージさ（図表3－2）。

（と言ってまた絵を描き始める）

左の二つが『部分から考える』っていう思考回路、右が『全体から考える』っていう思考回路を示している」

りょうこ「さっきの『カフェテリア』の例は、左の二つっていうことですね」

ドク「そうだね。部分から、つまり見えるところから考えていくっていうことだ。これだと後戻りが生じたり、全体の優先順位づけや組み合わせがうまく考えられないっていうのは、さっき話したとおりだ。

図表3－2　「部分から考える」思考回路と「全体から考える」思考回路

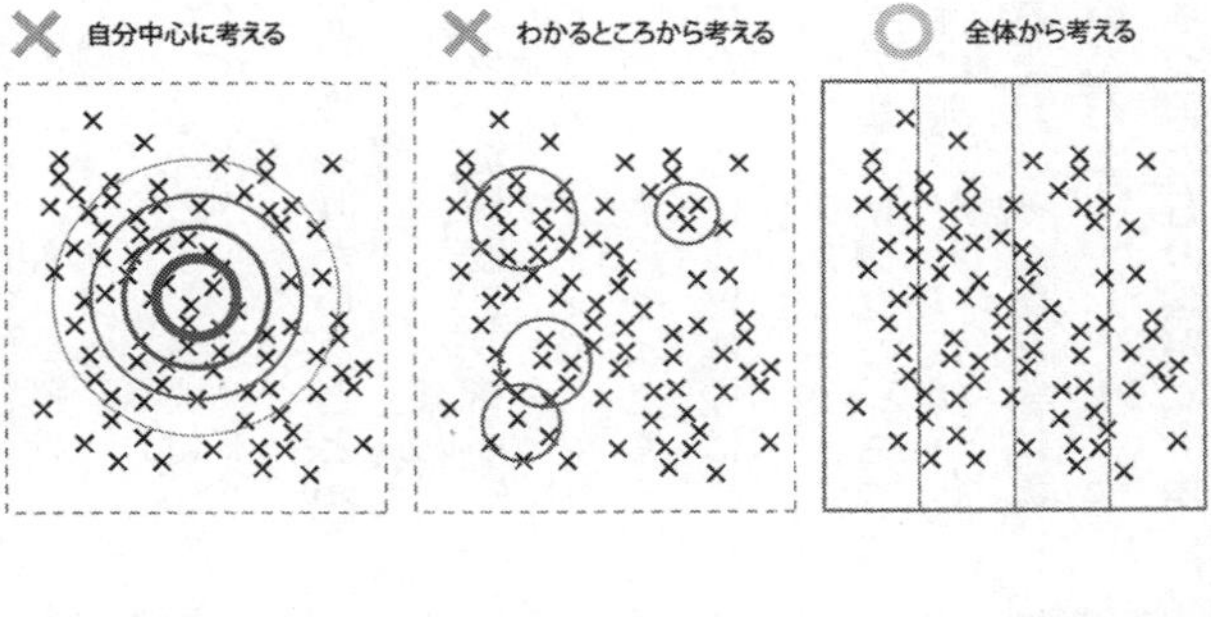

例えばよく『個条書き』ってやるよね」

マサヤ「やりますね」

ドク「こういう場合にもまさにこういう思考回路になっているんだよ。まずは頭に思い浮かんだものから挙げていくよね」

マサヤ「そうですね。例えば、好きな本、楽しかった旅行先、今やりたいこととかをリストアップする場合ってことですね」

ドク「そういうときに挙げたリストっていうのは、『目についた料理をトレイに載せただけ』っていうことになっている可能性が高いよね」

りょうこ「確かにそうですね。思いついたものから挙げていくから、最近やったこととか、自分が詳しい分野に引きずられて偏ったものになっている可能性は高いですね」

ドク「まあ、それ自体は悪いことではないけど、それをそのまま使ったら、さっき君が言ったように君の思考回路に偏っている可能性は高いから、もれがあったり、他人にはその順番がわかりにくかったりするよね。そんなときにこの『全体から考える』っていうことを思い出せばいいんだよ」

マサヤ「なるほど。そういうふうに使えばいいんですね。さっきの右の絵が『全体から考える』っていうイメージでしたよね」

ドク「そうだ。詳細はわからなくてもいいから、全体の外枠を最初に押さえてしまうっていうことだね。そうすれば、それ以後のことは必ずそのなかの世界での出来事になる。もう一つのメリットは、こうやって初めに『全体はここだ』という、いわば自分がこれから戦おうとする土俵を定義してしまうと、他人とコミュニケーションがしやすくなる。左の絵のような部分から考えるっていう発想は、どの部分を考えているかっていうのが、人によって違うからお互いにまったく違うところを想像しながら会話して、実はまったく話が通じていないということがよくある。よく言う『複数の人が目隠しをして一頭の象のいろいろな部分を触っている』という状態だね」

りょうこ「でも、『全体から考える』って言うのは簡単ですけど、実際にこう考えるのって難しいですよね。そもそも自分のあまり知らない分野だと、これが全体だっていう範囲をつかむこと自体が難しいですよね」

ドク「そういう場合には、『思考の白地図』を使って考えればいいんだ」

マサヤ「『思考の白地図』ですか?」

ドク「そう。世の中で一般的に『フレームワーク』とよばれているものがそれに相当するんだけど、客観的に作られた全体の地図を使ってそこに自分の思いつきで出てきたアイデアをマップしてみると、どこにもれがあるかとか、どこに整合性がないかとかそういうチェックができるよ」

マサヤ「いまひとつイメージがわかないんですけど……」

ドク「じゃあさっきのカフェテリアの例で説明しようか（図表3－3）。例えば左上のリストが、何も考えないで本能の赴くままに、あるいは思いつきのままにとったもののリストだ」

マサヤ「これはさっきの個条書きをするときに最初に浮かんだもののリストと置き換えてもいいわけですね」

ドク「そのとおりだ。このままでは、非常に偏っているし、バランスも悪いわけだ」

りょうこ「そこで『思考の白地図』っていうのが登場するわけですね」

ドク「そうだ。この場合は横軸に料理の種別っていうか、要はカフェテリアのライン上の分類を示してある。縦軸がどこ料理かっていう分類だ。まあ細かいことをいえばエスニック系とかいろいろと抜けているけど、ここでは通常用いられる三大分類っていうことにしておこうか」

マサヤ「なるほど、これが『思考の白地図』っていうイメージですね」

ドク「そうだ。ここでのポイントは、この白地図は、誰もが納得できる客観的な基準でできているっていうことだ。普通の地図でもそうだよね。北が上で、全体の縮尺がいくらっていう定義がされていれば、誰が見ても同じ基準だよね」

マサヤ「逆にいうと、当人だけがわかっている基準で描いた地図でたまにめちゃめちゃわかりづらいのってありますよね。北はどっちだろうとか、道の幅とか信号の間隔とかがまったく見当もつかないものって」

図表3-3　カフェテリアへの白地図の適用例

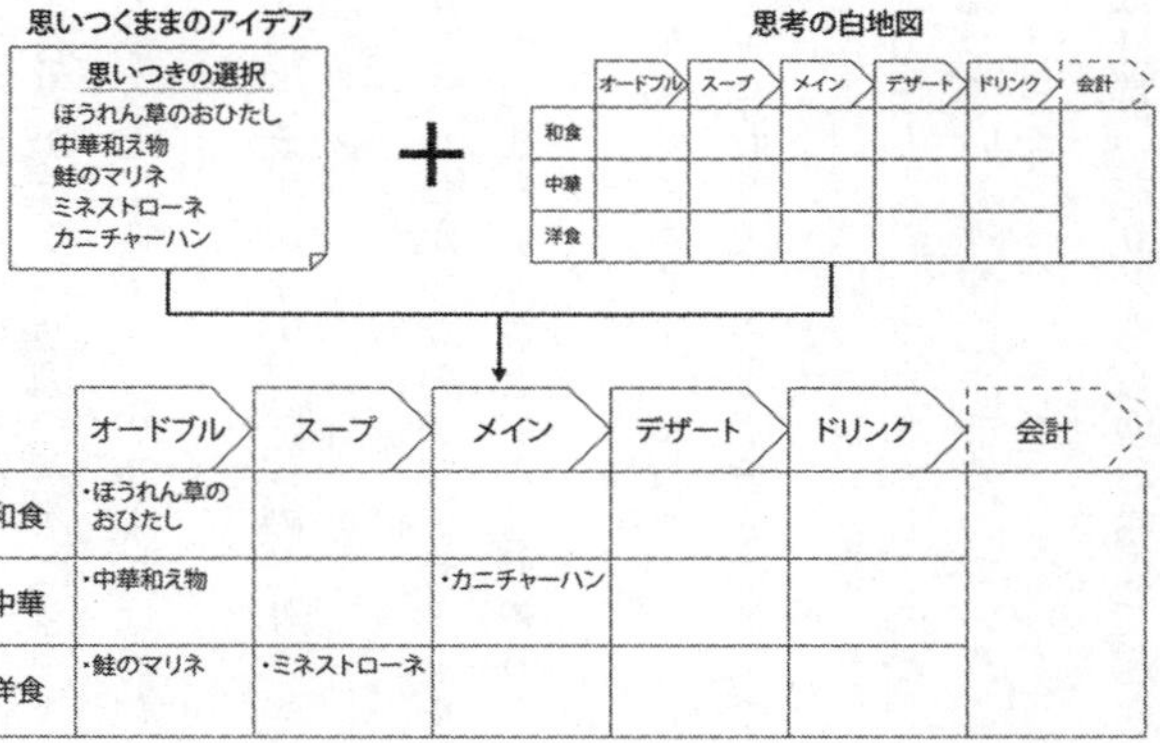

ドク「そうそう。でも我々が資料を作ったりするときには実はそういうことをよくやっちゃっているんだよね。とにかく、右上がその白地図だ。次にさっきの思いつきリストの項目を白地図にマッピングしてみる。この下側のようにね。さあ、これで何が見える？」

マサヤ「こうやって見るとはっきりとわかりますね。まずはオードブルのとりすぎ。それから、和食、中華、洋食の一貫性がない」

ドク「あとは、トレイに載り切らなかったのかどうかわからないが、デザートやドリンクがないから、きっと食べ終わってからまた並ぶことになるだろうとかね」

マサヤ「左側がたくさんあるわりに、右側のほうがスカスカですもんね」

ドク「まあ、この例の場合だったら、どんな組み合わせでとろうが個人の趣味だから大きなお世話だっていうことはあるかもしれないがね」

マサヤ「でもドクさんの言いたいことはよくわかりました。ボクたちが日ごろやっている『個条書き』の類は、みんなこうなっている可能性があるっていうことですね」

ドク「そのとおりだ。これに似たようなことは日常のありとあらゆる場面で起きているよ」

りょうこ「でも『思考の白地図』を描くって難しそうですね。ここで自分の思い込みにとらわれない『全体』を表現しようってことですよね」

ドク「そうだね」

マサヤ「ただ、カフェテリアの例ぐらいだったら自分でもできそうですけど、実際の仕事になると対象そのものも複雑だし、何しろ目に見えない『概念』みたいなものを表現しなきゃいけないときもありますからね」

ドク「それはよくわかる。そこは確かに難しい。だから初めは既にあるものを使うとか、文献にあるものをもってくるっていうやり方もあるよ。会社だったら、既に先輩たちが使って実績があるものを流用すれば、少なくともそのレベルは保証されるからね。あとは本当は客観的な基準に従って自分でひねり出すっていうのが次のステップだけど、これは難しいから、ある程度基本ができるようになったらチャレンジすればいいと思うよ。まあ今日のところは『思考の白地図を使って考えることが重要だ』っていうところまで理解すればいいよ」

マサヤ「わかりました。あとはまた具体的な場面でやって、わからなければ相談します」

まとめ

・「全体から考える」とは、初めに問題の全体像をつかんでから解決に着手することである
・「全体から考える」ことで、全体をバランスよく考えることができ、後戻りが少なくなる
・「全体から考える」というのは、頭のなかに「思考の白地図」を持って考えるというイメージである
・「思考の白地図」を使って考えることで、思考のクセや偏りを見つけることができる

単純に考える
……「『要するになんなのか』を考えよ」

ドクさんの基礎講義が続きます。いよいよ「基礎の基礎編」最後のパートです。

マサヤ「あとは最後に残った『単純に考える』ですね」

ドク「そうだね。『単純に考える』……これは言い換えると『ものの特徴をつかむ』ということだ。こんなイメージだろうか（図表4－1）」

（「枝葉を切り捨てる絵」を描く）

マサヤ「『枝葉を切り捨てて太い幹だけを見る』っていうイメージですね」

ドク「そのとおりだね。人間どうしても、ほかの人から見るとどうでもいいような細かいことにこだわってしまう。特に自分が詳しい分野であればあるほどそうなっ

図表4－1　「単純に考える」とは枝葉を切り捨てること

てしまうんだ」

りょうこ「それわかる気がするわ。私も、あとから考えるとものすごく些細なことにこだわって悩んだりしちゃったことがよくあったわ。仕事もそうだけど、何か自分のことになるとやけに小さなことにもこだわっちゃうのよね」

ドク「わかるよね。だから『本当に重要なことはなんなのか』っていうのを考えて、思い切って本当に必要なものだけをとらえてみるっていうことだね。例えば、マサヤくんが持っている特徴っていうのを挙げてみようか（図表4－2）」

（マサヤくんの特徴図を描く）

マサヤ「例えばこのなかから、重要な特徴を選び出すっていうのはどういうことなんでしょうか？」

ドク「もちろん、ここに書いた特徴はすべて君にとっての大事な特徴だよね。ここでの『重要かどうか』っていうのは、相手なり、そのときの目的によって違うっていうことだ」

マサヤ「なるほど。つまり目的に合致するかしないかでそのときに取り上げるべき特徴が変わるっていうことですね」

図表4-2　「単純に考える」とは必要な特徴のみ抽出すること

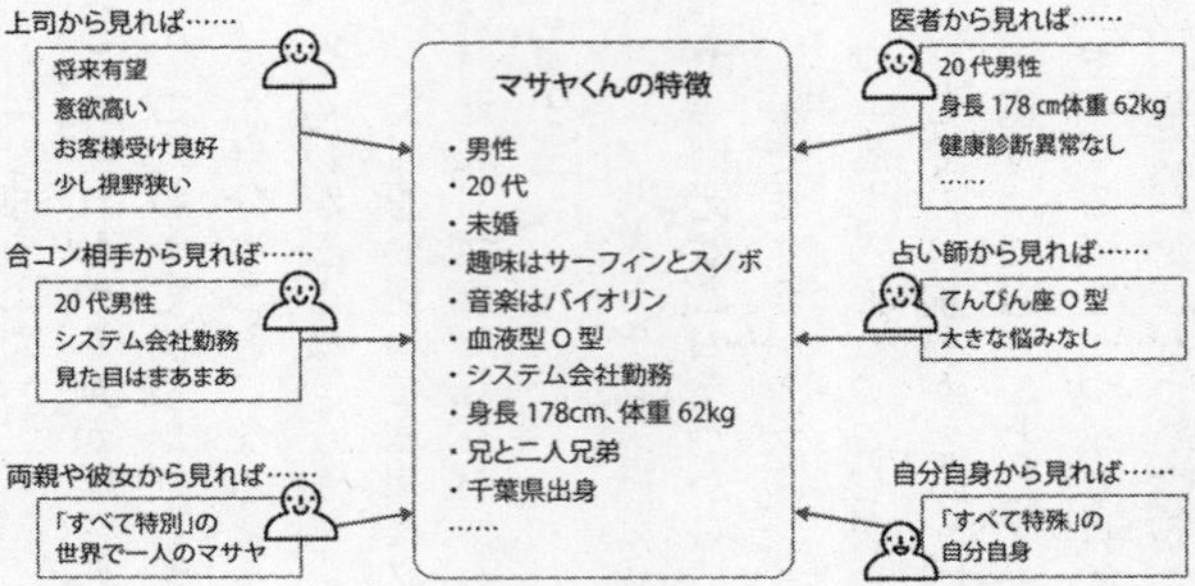

ドク「そのとおり。ただし、人間はどうしてもそのときには関係のない特徴に目がいってしまって、本当に重要な特徴とは関係のないところにこだわってしまうんだ。例えば、君がどこかの会社を訪ねたとする。『イスを用意したい』と考える人にとっては、君が男性か女性かとか、メガネをかけているかいないかとか、ネクタイをしているかいないかとかは関係ないよね」

マサヤ「要するに『一人いるかいないか』さえわかればいいわけですよね。まあ強いて言えば、大人か子どもかがわかればいいっていう程度でしょうか」

ドク「そうだよね。これが例えば結婚相談所の人から見れば、男性か女性かは大問題だし、職業、身長・体重あるいは趣味だって問題になってくるだろう」

マサヤ「相手や目的などの場面によって必要な特徴が違うっていうのはわかりました。でもそうやって『特徴をつかむ』ことにどんな意味があるんですか？」

ドク「そこが次のポイントだ。表面上はまったく違うものに見えても、その『特徴』のレベルで見ると実はほかのものと『同じもの』と見なすことができるんだ」

マサヤ「例えばどういうことですか？」

ドク「さっきの例でいけば、イスを用意するという人にとってみると、君とほかの訪問者は、『一人の人』という特徴から見るのと同じと見なしてもいい」

マサヤ「そうすると『数を数える』っていうことができるわけですね」

ドク「そうだ。いい言葉へ展開してくれた。例えば足し算でも掛け算でもいい。あるいは算数とか数学っていうもの全体がそうなんだが、さらにそれを応用すれば、人間でも動物でも、あるいはものでもいい、数を数えるっていうのはありとあらゆるものに応用ができるようになるよね。当たり前のように使っているけど、例えばカバンの数を数えるのだって、実は一つひとつ違っているかばんの数が数えられるっていうのは、それを『同じもの』って扱っているからだよね」

りょうこ「そう考えると、確かに一つひとつ違うものを『数える』っていうことは、個性は無視しちゃっていますね」

ドク「それはこの場合にいっしょに扱えるっていうメリットが大きいからだ。『特徴をつかんで同じにするといろいろと応用できる』っていう別の例を挙げてみよう。例えばビジネスというものの特徴をいろいろと考えてみよう。何かその特徴を考えると、ほかの世界と同じっていうことはないかな」

マサヤ「『チームワークが重要』っていう点ではサッカーにも似ていますね」

ドク「そうだよね。ほかにもサッカーとの共通点ってない？」

マサヤ「そうですね……相手チームなり競合企業と『戦う』っていうこととか、『戦略や戦術が勝負を決める』とか、数が少ないと不利だとか、決められたルールを守らなきゃいけないとか……考えるとたくさんありますね」

ドク「そういう共通点がわかると何がいいと思う？」

マサヤ「サッカーで学んだことがビジネスに生かせますね」

ドク「あるいは逆もあるかもしれないよね」

「単純に考える」とサッカーもビジネスに生きてくる

マサヤ「ははあ、そういうことですか。そう考えれば、ビジネスの経験が浅いボクでも実は『疑似体験』をいろいろと経験していたことになりますね」

ドク「ほかにもビジネスと似ている経験ってないかい？」

マサヤ「そういえば、就職活動しているときに思ったんです。これって恋愛に似ているなって。とにかくいろいろな人に会ってみる必要があるとか、会っているうちに今まで自分でも気づかなかった『自分の好み』に気づくとか、『価値観が合う』って重要だとか……電話やメールを待っているときのドキドキ感もいっしょでした」

ドク「そう考えて何かいいことあった？」

マサヤ「これもサッカーといっしょです。経験していないことの想像がある程度ついたり、一つの世界のことから得られた教訓を別の世界に応用してみることができました」

ドク「それが、物事の特徴をつかむ、つまり『単純に考える』ことのメリットだよ」

マサヤ「なるほど。そういうことなんですね」

ドク「ビジネスの例だけでもほかにも似ていることはたくさんあるよ。よく引き合いに出されるのが戦争で、これは『限られたリソースを最大活用して敵に勝つ』というふうにお互いの特徴を抽出すれば、非常に似ていることがわかる。現にビジネスで用いられている手法の多くは、もともとは戦争で開発されてきたものだ。あるいはさっきサッカーの世界が出たが、スポーツ全般もそうだね。ほかの応用としては、『ファンを増やす』手法はブランドマネジメントに応用できるかもしれない。あるいは将棋や囲碁の世界も論理的な作戦に加えて、『心理戦』という観点から学べることもたくさんあるだろう。伝統芸能の世界からは人材育成のノウハウが学べるかもしれないとか、政治や宗教の世界からは『人の心をつかむ』やり方が学べるかもしれない」

りょうこ「そう考えると、どの世界も人間がやっているかぎり根本は同じように見えますね」

ドク「ところが、いざ自分がある世界にどっぷりつかってしまうと、こういう根本的なことが見えなくなってしまうんだね。だから『単純に考える』っていうことが重要になってくるんだよ。具体的な応用の仕方については、個別の話をするときにしていこうか」

マサヤ「わかりました。まずは『単純に考える』ことの重要性とメリットは理解できたと思います」

まとめ

・「単純に考える」とは、対象となるものの本当に必要な特徴だけを取り出して考えることである
・「単純に考える」ことで、同じ特徴を持った複数のものを「同じもの」として

取り扱い、応用範囲を広げることができる

・応用範囲を広げることで、自分が直接経験していないことも「疑似体験」として参考にすることができる

顧客問題解決
……「依頼者の要望は一度『押し返せ』」

先週のひととおりの基礎編の仕上げとして、今週は少しそれを応用させた仕上げを講義してもらうことになっています。マサヤくんとりょうこさんは今週末もドクさんを訪ねました。

りょうこ「ドクさん、こんにちは。先週はありがとうございました」

（机の上の読みかけの競馬新聞に目をやって）

マサヤ「また競馬の予想ですか？　いつもドクさんの思考回路には感心しているんですけど、競馬の予想に関してはその思考回路がどこまで生きているのかって疑問ですよね。ほとんど当たったたって話、聞いたことがないから」

ドク「うるさい！　私の予想はいつだって間違っていないんだ。いつも間違っているのは、レースの結果のほうなんだよ」

マサヤ「ええ⁉　そんなのどう考えても『屁理屈』にしか聞こえないなあ。ドクさんの言ってることはいつでも論理的だけど、こと競馬に関しては支離滅裂だなあ。大体いつも『結論から考えろ』とか『相手から考えろ』なんて偉そうに言ってるわりには、その競馬の理論って、自分中心の理屈以外の何ものでもないじゃないですか？」

　（ちょっとどぎまぎして）

ドク「それはだねえ……」

マサヤ「ハハハ、冗談ですよ。たまにはこっちからも突っ込ませてくださいよ」

ドク「そんなつまらないこと言ってないで。今日はにくまれ口がきけるところを見ると、いつもみたいに落ち込んでここに来たわけじゃなさそうだね。いいことでもあったの？」

マサヤ「まあ、そういうわけでもないんですけどね。強いて言えば今朝の星占いがよかったことぐらいですかね。先週の『基礎の基礎編』に続いて、基礎編の仕上げの『顧客問題解決』だったと思いますけど」

ドク「よしわかった。ついに本命の出番ってわけだな」

マサヤ「本命？」

ドク「そう。大本命の登場だ」

マサヤ「どういうことですか？」

ドク「マサヤくん、そもそも『ビジネスって何か』って考えたことあるかい？」

マサヤ「改めてそう聞かれると、難しいですね」

ドク「まあ、これは誰の視点からとか、どんな切り口で見るかによって百人百様の定義があっていいわけだけど、問題解決っていう切り口で考えてみたらどうだろう」

マサヤ「考えてみると、ビジネスっていろいろありますけど、究極的には顧客のなんらかの問題を、提供者であるサプライヤーがなんらかの商品やサービスで解決するってことになりそうですね」

ドク「そうだね。つまりビジネスってもの自体が顧客に対しての問題解決そのものなんだ。その意味で今回は『ビジネスそのもの』をピラミッドで説明することになる」

りょうこ「なるほど。今回はWhy/What/How っていうのはどういうふうに解釈すればいいんですか？」

（ドクさんがまたホワイトボードにピラミッドの絵を描き始める）

ドク「よし、できた。これがビジネスの本質ともいえる、顧客の問題解決へのピラミッドの適用だ（図表5－1）」

マサヤ「説明してもらえますか？」

ドク「よし。顧客の問題を解決するっていうところまではいいよね」

マサヤ「はい」

ドク「顧客の問題を解決するってことは、言い換えると顧客の願望をかなえるということになる。これは潜在的、あるいは漠然としているものと、顕在的、あるいは解決のためにやるべきことが具体的に言葉で表現できているものとの二段階に分けられる。これがWhyとWhatの違いだ。そしてそれを具体的に解決する手段、つまりビジネスで提供される個々の商品やサービスがHowという関係になる」

りょうこ「それって、よく言われる『ニーズ』とか『ウォンツ』っていうものと関係あるんですか？」

ドク「そうだね。その言葉は人によっていろいろな定義があるけれど、問題解決ピラミッドにあてはめると、さっきの絵に描

図表5−1　「ニーズ」「ウォンツ」「商品」も問題解決ピラミッドで

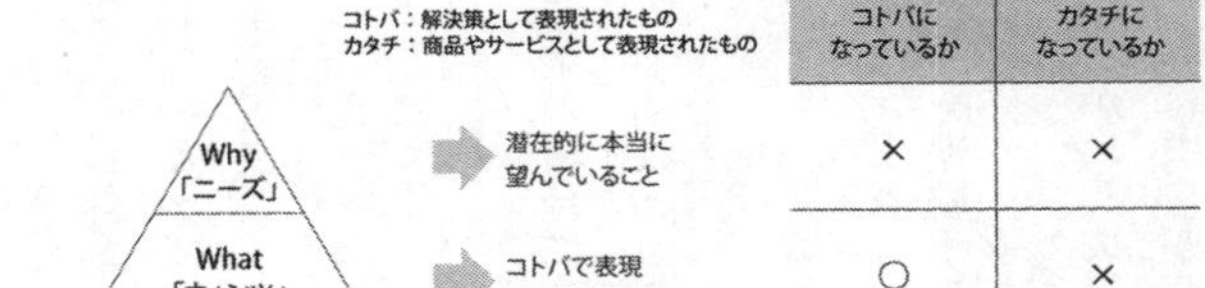

	コトバ:解決策として表現されたもの カタチ:商品やサービスとして表現されたもの	コトバに なっているか	カタチに なっているか
Why「ニーズ」	潜在的に本当に望んでいること	×	×
What「ウォンツ」	コトバで表現できていること	○	×
How「商品やサービス」	具体的な解決方法として「カタチ」になっているもの	○	○

いたようなこんな関係が一番近いかな」

マサヤ「ここでいう『コトバ』になっているっていうのは、どういう意味ですか?」

ドク「ある程度、解決方法が具体的に顧客本人から表現されているっていうことだね。それが実際の商品やサービスに関連づけた形で表現されると、『カタチ』になっているっていう感じかな」

りょうこ「これらの言葉とピラミッドとの関係はイメージできました」

マサヤ「具体的にあてはめた例を挙げてもらえますか?」

ドク「例えば君のような、お客様になんらかの提案をする営業の場合にこのプロセスをあてはめてみよう。営業っていうのはなんらかの商品やサービスを売るっていうのが仕事だよね」

マサヤ「そうですね」

ドク「お客様が君からソフトウェアやそれに伴うサービスを買うっていうことは、それによって自社の効率化とか売り上げ向上っていう目的を達成するためっていうことになるよね。これがWhyだ」

マサヤ「わかります。そうすると、Whatは『ソフトウェア』とか『システム』一般、あるいはそれらを導入することであり、Howは実際にボクが売っている自社の具体的なシステムっていうことになるわけですね。なるほど、イメージがつかめてきました」

ドク「ここでもう一つの重要な切り口を紹介しよう。顧客の問題解決をするっていうのは、いってみれば顧客という問題解決の依頼者から、問題解決の提供者、つまり商品やサービスのメーカーやサプライヤーへの『リレー』みたいなものと考えることができる」

マサヤ「あの陸上競技や競泳の『リレー』ですか?」

ドク「そうそう、あのリレーだ」

マサヤ「どういうことですか?」

ドク「ピラミッドのWhy→What→Howというのは、顧客の心のなか→顧客の口、つまり言葉→商品・サービスといった具合にだんだんと顧客からサプライヤーの側に移っていっているのがわかるかな?」

マサヤ「なるほど。つまりどこかの時点でバトンが買い手であるお客様から売り手であるサプライヤーに受け渡されるっていうことですね」

ドク「そういうことだ。これは『問題解決の依頼者と解決者』という関係でとらえれば、患者と医師の関係しかり、顧問先と弁護士や税理士の関係しかり、

図表5-2　問題解決とは、依頼者→解決者へのリレー

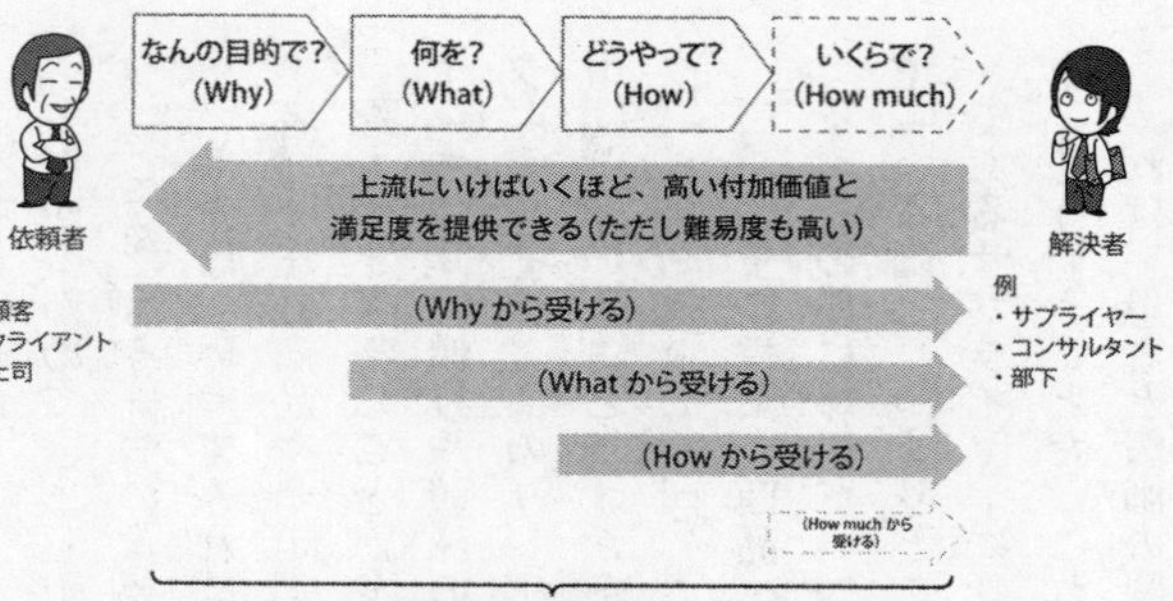

コンビニの買い手と売り手しかり、すべてにあてはめることができるのはわかるかな。あるいは上司と部下といってもいい」

りょうこ「確かにそうですね」

ド　ク「これを絵にするとこんな具合になる（図表5-2）。ちょうどピラミッドの関係を横にしたと思えばいいね」

（ドクさんがさっきのホワイトボードのピラミッドの絵の下に別の絵を描き始める）

マサヤ「なるほど。ピラミッドの頂点側がお客様で、下側がサプライヤーということになるわけですね」

ド　ク「そういうことだ。ここではわかり

問題解決はバトンリレーのようなもの

やすいように、『サプライヤー』というのは、君のような会社の場合には営業とか、提案するコンサルタントとか、直接お客様との接点があって商品やソリューションを提供する人たちと考えるといいだろう」

マサヤ「実際の問題解決にあたって、バトンがわたっていくっていうのはどういうイメージで考えればいいんですか？」

ドク「この絵に描いたように、バトンを渡すポイントがそのときどきによって異なるんだ。まあ大きくわけて、この絵でいうところのWhyの時点で渡るか、Whatの時点で渡るか、Howの時点で渡るかの三通りになるかな」

りょうこ「この絵でいうと、三本の矢印の絵がそれを示しているんですね」

ドク「そう。受け取る側の営業マンがどこでバトンを受け取れるかによって、矢印の長さが変わるっていうことだね。実はこの三つのパターンっていうのは、上流側、つまり顧客側に近ければ近いほど、難易度が高い。その代わりに顧客の本当のニーズに応えている可能性が高いんだ」

マサヤ「へえ、そうなんですか？　なんかピンとこないなあ……」

ドク「例えば何か商品を売る営業マンとお客様という場面を想定してみようか。商品は……そうだなあ、パソコンにしようか。一応、君の仕事に近いように、個人消費者向けの量販店みたいなところじゃなくて、法人向けの商売としよう。まあ、基本はどちらもいっしょだけどね」

マサヤ「パソコンをまとめて企業相手に営業している場面を想定すればいいわけですね」

ドク「そう。その例で三つのバトンの受け渡し方を考えてみる。まず一番簡単なHowのレベルでの受け渡しだ。これは、お客様のほうから、『貴社のこの機種を何台ください』っていうように、具体的に機種名まで指定された場合。このとき、あとは営業マンとしては具体的な型番に落としたうえで価格交渉、つまりHow muchに落とすだけでいいわけで、非常に簡単な商談だ。場合によっては値段まで指定されることもあるし、何も考えなくていいっていうのもあるかもしれないね」

マサヤ「では、一つレベルアップしてWhatのレベルになると？」

ドク「このレベルだと、お客様は機種名まではいかないが、大まかな機器の仕様を指定してくる。例えばCPUがこのぐらいで、ハードディスクがどのぐらいで、ディスプレーがこのぐらいで、OSは何でどんなアプリケーションが付属していて……といった具合にね」

マサヤ「その場合は、その仕様をもとに自社の製品から最適なものを組み合わせて構成を作ればいいわけですね。だからHowのレベルよりは少しは複雑ですね」

ドク「そうだね。さらにWhyのレベルにまで上がると、お客様のほうからは、漠然とした要求事項しか出てこない。例えば、『こんなパッケージソフトを全社で導入したいので、全国の各支社でこんな使い方をしたいんですが……』とか」

りょうこ「その場合にはさらに商談の自由度は高くなりますが、そのぶん自分で決めなければいけない範囲が増えてきますから、いろいろな知識が必要になってきますね」

ドク「そういうことだ。その代わり、お客様の『本当のニーズ』に対しての解決策になっているよね。ある程度は商談の流れとWhy/What/Howの流れの対応のイメージはつかんでもらえたかな。Whyの商談では、そのあとバトンを受け取ったほうがWhatとHowを決めていかなければいけない。以下、What→Howとバトンの受け渡し位置が下流にいくにしたがって受けた方が決めることは少なくなってくる」

マサヤ「流れはわかりました」

ドク「これで基本ルールの説明が終わったから、ようやく『押し返す』っていうことの説明に入っていけるかな」

マサヤ「『押し返す』ですか⁇」

ドク「そう。お客様とやり取りしながら問題解決をしていくときにはとっても重要な概念だ。初めになぜ問題解決ピラミッドがこの形をしているかの復習からだ」

（と言って、またピラミッドの絵を描き始める）

実はWhy/What/Howの関係というのは、基礎編で見たようにそれぞれの項目レベルで見ていくと、こんなふうに階層構造になっていて、『1：N（複数）』、つまり一つのWhyに複数のWhatが対応し、またそれぞれのWhatに複数のHowが対応するという関係になっているんだったよね（図表5－3）」

マサヤ「つまり、ここでは例えば何か一つの潜在的ニーズがあれば、それを表現するウォンツは複数あり、またそれらのニーズに対して満足させる商品やサービスも複数あるっていうことですね」

ドク「そういうことだ。だからこういうツリー構造で表現できるっていうわけだ。逆の言い方をすれば、上下逆に見ると、

図表5-3　Why/What/Howの階層関係

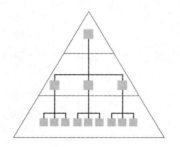

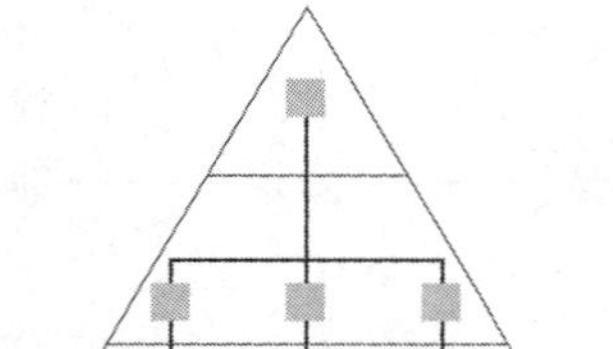

『根っこは一つ』という見方もできるね」

りょうこ「すそ野のほうが広がっているから、ピラミッドの形になっているっていうことでしたよね」

ドク「そう。ちゃんとこの形にも理由がある」

マサヤ「この関係は理解できました。それとさっきの『押し返す』っていうのはどういう関係があるんですか？」

ドク「このピラミッドを左に90度回転して、さっきのリレーの絵と関連づけてみよう（図表5－4）。

図表5-4　Why/What/Howと依頼者／関係者との関連

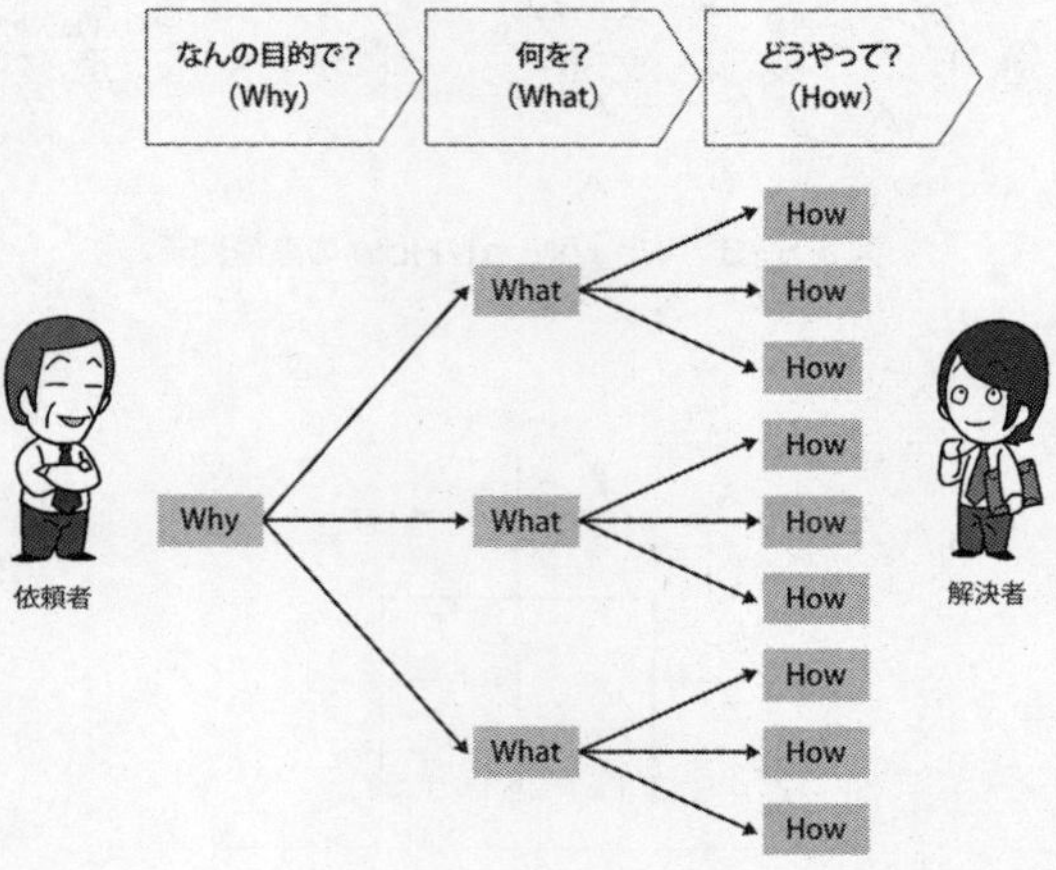

（と言って、ドクさんが新しい絵を描き始める）

よし、できた。このように、一つの潜在的なニーズを満たすための方法は複数あるし、それらおのおのについて具体的な解決手段はさらにいろいろあるということになる。つまり、さっきのリレーのやり方というのはツリー構造になっていて、問題解決の手段はやり方によっていくらでも可能性があるという関係になっているということだ」

マサヤ「なるほど。一つの潜在ニ

図表5-5　Why/What/Howの関係の例

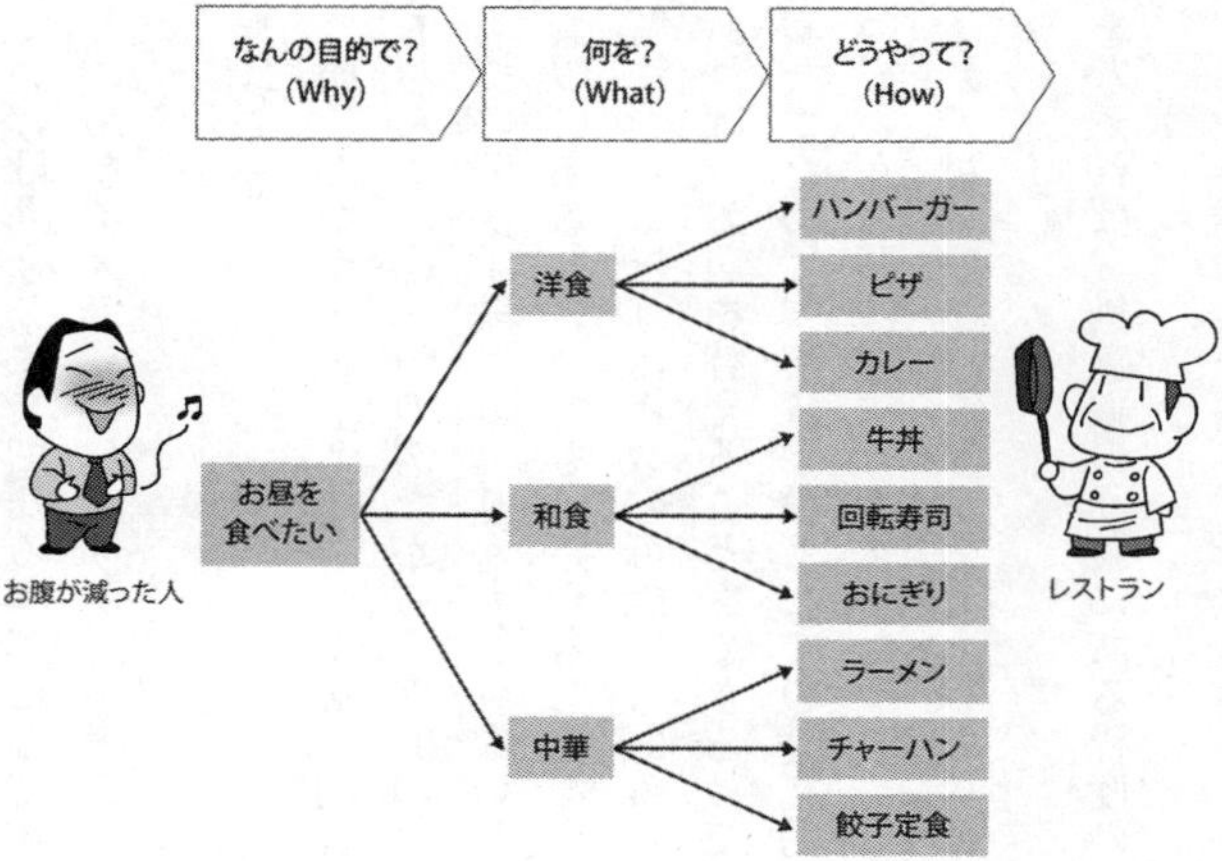

ーズを実現する方法が、この絵の例でいけば九通りにまでなるってことですね。これは実際の場面であてはめるとこんなイメージでしょうか（図表5－5）」

（と言って、マサヤは食べ物の例を追記してみる）

ドク「一体君は普段どういう食生活をしているんだか……？？？？　まあ、内容はともかくその理解で正しいよ。もちろんこれは一つの例だから、実際のいろいろな場面では、一つの課題に関しての解決手段は五通りかもしれないし、一〇〇通りかもしれない。実際には無限にあるといってもいいかもしれないね。それからこの例でいう右側の『解決者』のほうは複数の可能性もある」

マサヤ「一つのお店のなかで選べるものもあれば、お店を替えることもできるっていうことですよね。一つのニーズを満たすために、解決手段としての潜在的な商品の選択肢の数がそれだけあるっていうことは理解できました」

ドク「ところが、実際にはお客の側ではそれだけの選択肢を感じることはないはずだ」

マサヤ「確かに自分が何か買うときのことを考えれば、無意識のうちにある程度の選択肢に絞っていますよね」

図表5-6　依頼者／解決者のバトン受け渡しの3パターン

		解決者が受け取るポイント		
		Why	What	How
依頼者が渡すポイント	Why	ジャストミート	ミスマッチ	ミスマッチ
	What	押し返し	ジャストミート	ミスマッチ
	How	押し返し	押し返し	ジャストミート

ドク「ここでさっきの『リレー』っていう話が出てくる。この『リレー』で重要なのは、『依頼者側がどこでバトンを渡すか、あるいは渡せるか』という点と『解決者側がどこでバトンを受け取るか、あるいは受け取れるか』という点だ」

マサヤ「それによって何が変わるんですか？」

ドク「まずはそれらの組み合わせでどんなものがあるかを整理してみよう（図表5－6）。

（ドクさんがホワイトボードに表を書き始める）

こういうことになるかな」

マサヤ「全体として、3×3のマトリックスになるっていうわけですね」

ドク「まず『縦軸』は依頼者、たとえばお客様がどのポイントでバトンを渡すかっていうこと。例えばWhyの地点で渡すっていうのは『○○がしたいなあ……』とか『今××に困っているんだけど……』といった漠然としたニーズを口にするっていうパターンだね」

マサヤ「『Whatで渡す』っていうのは、『こんな商品が欲しいなあ』っていうことで、『Howで渡す』っていうのは、『□□（商品名）を買いたいんだけど』っていうふうに、より具体的になっていくっていうことですね。これはさっきWhy/What/Howの定義のところで聞いたパソコンの話といっしょですね」

ドク「そのとおり。ここで気をつけなければいけないのは、お客様のほうがWhatやHowのポイントでバトンを渡そうとしてきた場合、それは必ずしもWhyを満たすために最適のものではないかもしれないっていうことだ」

りょうこ「つまりさっきのツリー構造でいうと、もっといいものがあるのに、別のところに分岐したところで『指名してくる』っていうことですね」

ドク「そのとおり。この話にはあとでまた戻るとして、先に横軸の復習をしておこう。横軸のほうはバトンを受け取る側の解決者のほうがどこでバトンをもらうかってことだ。これもさっきのパソコンの例を思い出してもらえばいいだろう。Why/What/Howの三段階の受け取り方があって、上流にいけばいくほど難易度が高いんだったよね」

マサヤ「さっきの三本の矢印の絵のことですよね。では、この表の『ミスマッチ』『ジャストミート』『押し返し』っていうのはどういう意味ですか？」

ドク「それはこういうことだ（図表5－7）。

（別の表を書き始める）

これでわかるかな？」

マサヤ「さっきのパソコンの三つの例はお客様が渡すポイントと営業マンが受け取るポイントがマッチする『ジャストミート型』だったってことですね。『ミスマッチ』と『ジャストミート』はこれでわかるような気がするんですが、『押し返し』の意味がよくわからないですね」

ドク「これは、一度バトンを受け取ったあと

図表5-7　バトン受け渡しの3パターンのイメージ

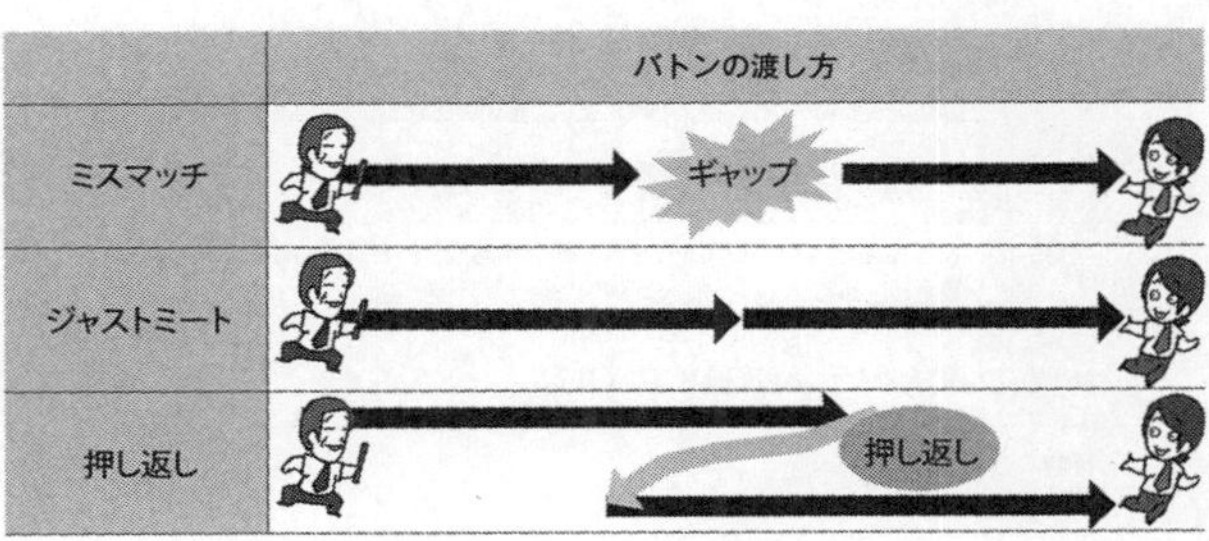

で、もう一度お客様を『上流に戻して』から再度上流でバトンを受け取るというイメージだ。実はこれが一番難易度が高い。これらの具体的な違いはあとで説明しよう」

マサヤ「上流側、つまりHowよりはWhat、WhatよりはWhyで受け取るほうが難易度が高くなっていくということでしたよね？」

ドク「パソコンの例もそうだったよね、上流にいけばいくほど、内容が『やわらかく』なってくる。だから上流で受け取るほうが間違いなく難易度が高い。まさに『松竹梅』で、営業マンであれば確実にこれらの差によって、売れる売れないがはっきり分かれる。具体的に『解決者の

図表5-8　バトンを受け渡しでスキルが決定される

		スキルレベルの定義	
受け取れるポイント	Why	お客様の漠然とした要望を具体的な解決策に落とし込める	高
	What	お客様の言っている解決策を具体的な商品やサービスの詳細に落とし込める	↕スキル
	How	商品やサービスの価格交渉ができる	
	How much	事務手続きのみできる	低

スキルレベル』っていう別の見方で見てみようか（図表5－8）」

マサヤ「なるほど。『スキルが高い人ほど上流でバトンを受けられる』っていうイメージ、わかってきました。別の言い方をすると『やわらかいバトン』でも受け取れるっていうことですよね。一つひとつのタイプを詳しく説明してもらっていいですか？」

ドク「下のほうから説明していこうか。ここでは問題解決のHowの部分を『営業の商談』というより具体的な場面を想定してHowとさらにそれを具体化したHow muchという二段階に分解して考えよう。つまり営業の商談では、実際にお客様が購入する商品の詳細仕様（How）を確定したあとに価格交渉（How much）に入るというイメージだ」

マサヤ「商談では問題解決ピラミッドの三段階を四段階に発展させて考えるというのはわかりました。さっきのパソコンの説明のときの絵（図表5－2）の一番下に点線の矢印があったのも、そういう理由だったんですね」

ドク「この場合、まず一番『芸がない』、すなわちスキルの低い営業マンというのは、How muchでのバトンの受け渡し、つまりお客様に『○○をいくらで売って』とまで言われて、はいはいとそのとおりに売るだけというレベルだ。

これなら人間はいらないよね。極端な話、これならインターネットだっていいんだから」

マサヤ「そうですね」

ドク「その上のレベルがHowの段階でバトンを受けるというレベルだ。つまり、お客様に『この商品のこの型番』とまで指定されて、あとは価格交渉だけするっていうタイプだ。このタイプは、商談に臨むうえでの『カード』が値引きしかない。別の言い方をすると、売れないと『値段が高いから』という言い訳をするのがこのレベルだ」

りょうこ「確かにその言い訳って、よく聞きますよね」

ドク「さらに一つ上にいこうか。次はWhatでのバトンの受け渡しができるというレベルだ。これは、お客様から『こんな商品が欲しい』という一般的な要望があって、それを受けて具体的な商品仕様を決定して提案するというレベルだ」

マサヤ「例えば、『冷蔵庫が欲しいんだけど』っていう要望に対して、家族構成とかライフスタイルとか家のレイアウトとかを聞き出して、最適の大きさとか機能とかを見極めたうえで具体的な機種を決めるということですね」

ドク「そうだ。それには、ある程度のヒアリング能力や商品知識が必要になってくる。冷蔵庫ぐらいであればそれほど難易度は高くないが、もう少し複雑なシステム商品、例えば企業ITのようなものになると、かなり難易度が高くなるね。『パッケージソフトの○○を導入したいんだけど』っていう話から、それを具体的なシステム構成、つまりハードウェアやソフトの構成、付属のネットワーク製品とかプリンタとかの組み合わせを提案するのはかなりの知識が必要になってくるよね」

マサヤ「なるほど、ここまでくると確かにかなりのスキルが必要になってきますね」

ドク「次はWhyの段階でバトンを受け取れるレベルだ。ここでは、お客様は漠然と『××に困っているんだけどなあ』とか『こんなふうになったらいいなあ』という願望のみを口にする。これを受けて営業マンの側は、それを実現するための商品やサービスの組み合わせ（What）を考えたうえで、さらにそれを具体的な商品名や型番の組み合わせ（How）に落とし、それから価格交渉（How much）に入っていくといった具合だ」

マサヤ「確かにこのレベルまでできる人っていうのはなかなかいませんね。こう見ると確かにITの導入をするときの難易度の違いが頭のなかでも整理できました。うちの会社のなかの人に関連付けてみると納得できます」

ドク「また営業担当者の影響力っていうものをこんなふうに定義した人もいる。これもさっきの話と（下）図のように対応づけできるだろう（図表5－9）」

マサヤ「なるほど、レベルが上がれば、お客様への影響力も上がってくるっていう考え方もできるわけですね」

ドク「こういうふうに説明すれば、『上流で戦う』っていう仕事の付加価値がなぜ高いかっていうことがわかってもらえるかな？」

図表5-9　営業担当者の行動と影響力

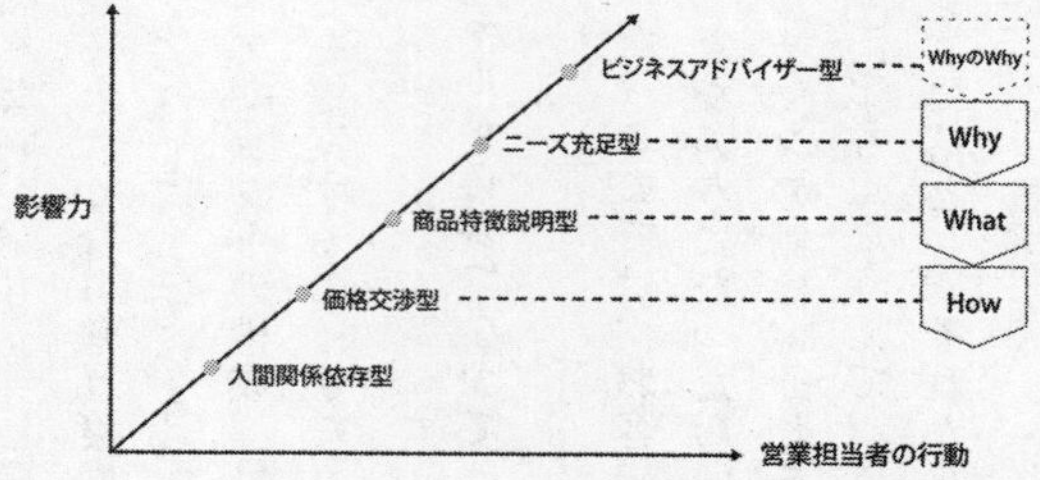

出典：『最強の営業組織７つの戦略』
（マーク・マローン／セレステ・ランスフォード）

マサヤ「納得できました。つまりボクも勉強することがいっぱいあるってことですね」

ドク「そうそう、道のりは長いよ（笑）。ここまでの話をさっきの『押し返す』っていう話とつなげようか」

マサヤ「そういえば気になっていたんですよ。『押し返し』とか『ミスマッチ』の話と今のレベルの話がどう関係するのかって」

ドク「だいぶ回り道をしたが、ようやく『押し返す』っていうことの意味を説明できる段階に入ってきたね」

マサヤ「なんだかおもしろそうです。よろしくお願いします」

ドク「Why→What→How→How much という流れは、実は下流にいけばいくほど可能性がふくらんでいく階層構造だっていう話をしたよね」

マサヤ「はい、覚えています」

ドク「……ということは、上流からスタートすればするほど、選択肢が飛躍的に広がっていくっていうことはわかる？　ちょっとまた絵にしてみよう。さっきの Why のレベルと How のレベルを比較してみるとわかりやすいだろう（図表5－10、5－11）」

（ツリー構造の絵を二つ描く）

マサヤ「確かにこう見るとはっきりしますねえ……『上流で戦う』ってこういうことだったんですか」

ドク「このイメージをつかんでもらえば、やっと『押し返す』っていう概念が説明できる」

マサヤ「やっときましたね」

ドク「こんなふうに表現すればいいかな（図表5-12）」

（何枚目かのツリー図を描く）

根っこにあるのが『お客様の真のニーズ』だ。ここではそれを背景にしてお客様のほうがHowのレベルでバトンを渡しに来たとする。図の下側だ」

マサヤ「自分のなかでその潜在ニーズを満たすための実現手段まで考えて、指定してくるっていうことですね。例えば店頭で『○○の何番をください』ってところまで決めてくるっていうことですよね」

ドク「そうだ。でもここで問題なのは、お客様の言っている実現手段っていうのは必ずしも真のニーズを満たすために最適のものではないかもしれないっていうことなんだ」

図表5-10　未熟な問題解決者は選択肢が少ない

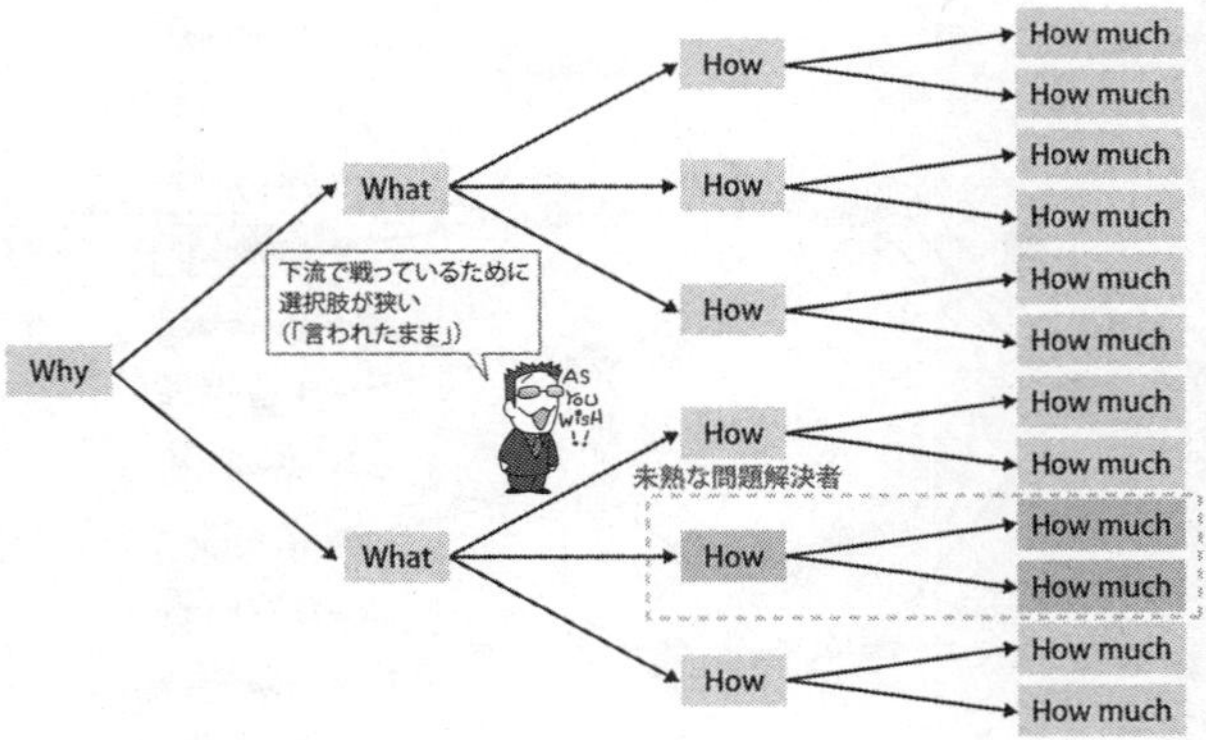

図表5-11　優秀な問題解決者は選択肢が多い

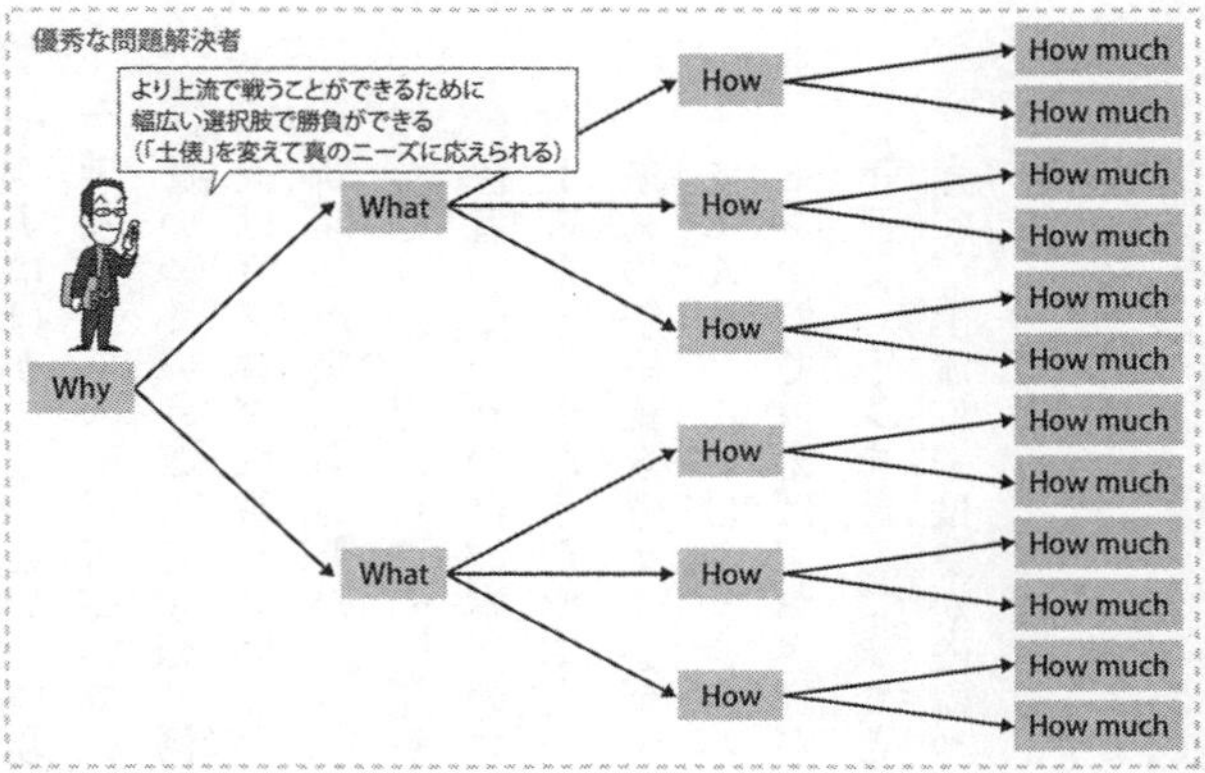

図表5-12 「押し返す」のイメージ

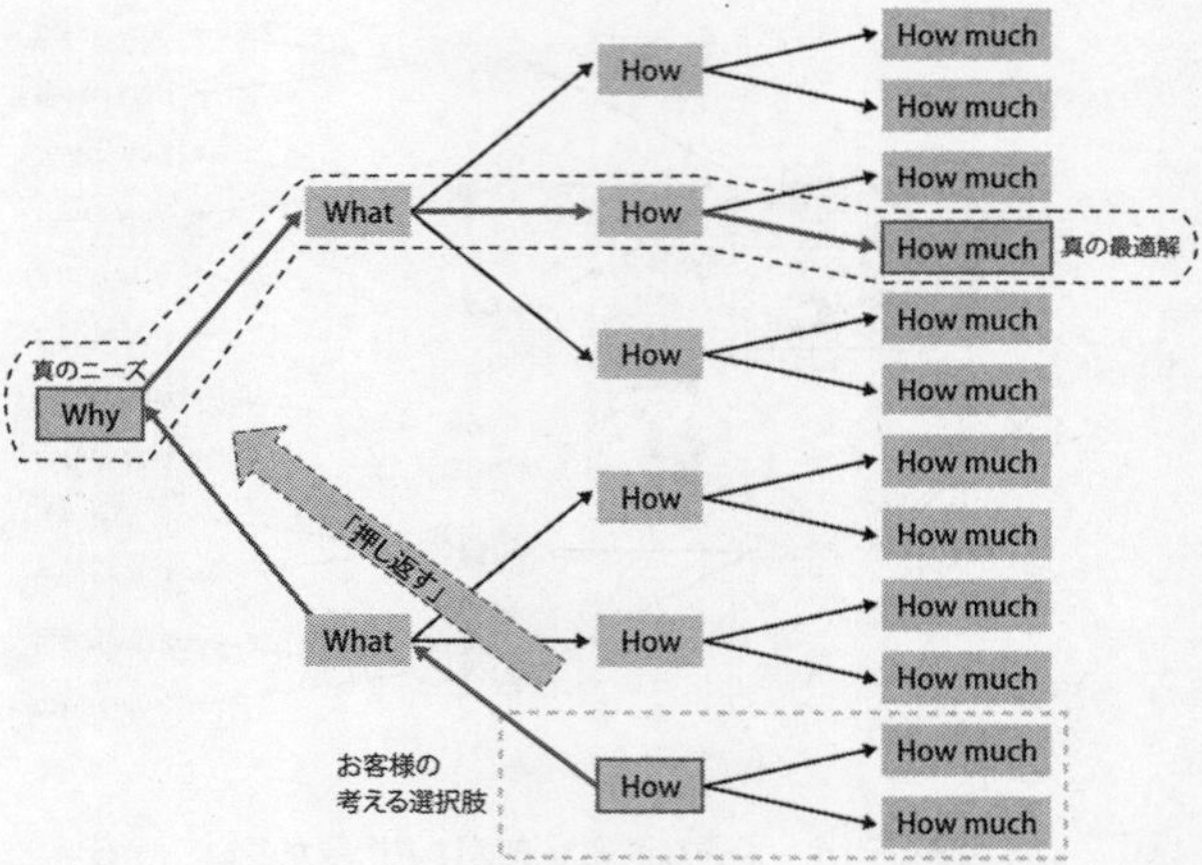

マサヤ「実はほかにもっといい実現手段があるのに、気づいていないっていうことですね。例えばカタログに載っていない新商品が実はあるとか」

ドク「そうだ。だから真の問題解決者っていうのは、本当のニーズをとらえたうえで本当に最適の解決策を考える必要があるんだ。これはさっきのバトンの例で言えば、お客様が下流でバトンを渡しに来たときに、上流に一度さかのぼってみるっていうことだ」

マサヤ「わかりました！ それが『押し返す』っていうことで

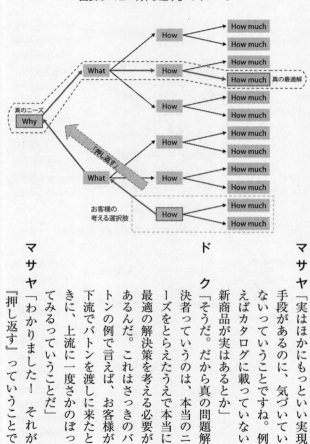

すね」

りょうこ「つまり、『押し返す』っていうのは、お客様がコースを外れて走っているときに、ちゃんとしたコースにもう一度戻してあげてから、改めてバトンを受け取るイメージですね」

ドク「そのとおり。スキルの低い問題解決者、例えば営業マンやコンサルタントっていうのは、依頼者、つまりお客様の言ったことを鵜呑みにして、それを実現する方向、この図でいえば右方向にすぐ走り出すことを考えてしまう。一方で、レベルの高い問題解決者っていうのは、一度立ち止まって、上流、つまりこの図でいう左方向に戻る、イコール『押し返す』ことを考えるんだ。これによってよりよい選択肢を選ぶことが可能になってくる。この図でいえば、How much のレベルで戦う人は選択肢が一つしかないのに対して、上流の How→What→Why にさかのぼっていけば選択肢が2→6→12と広がっていくことがわかるだろう。実際の問題解決の場面ではこれがほとんど無限に広がっていく。これは課題がやわらかければやわらかいほど差が大きくなっていく」

りょうこ「つまりここでいう『硬い』っていう商売はいわゆる単純な『もの売り』の

商売で、『やわらかい』っていうのは情報システム構築のような『ソリューション売り』とか、あるいは経営戦略を考えるコンサルティングっていうことになるわけですね」

ドク「そうだ。対象がやわらかければやわらかいほど難易度が上がって、お客様に対しての付加価値も上がっていく。場合によっては、Whyもさらに『WhyのWhy』とか『WhyのWhyのWhy』といった具合により高次のやわらかく見えづらいニーズにさかのぼっていくことができるんだ」

マサヤ「HowをHow muchに展開したのとは逆方向に、問題解決ピラミッドで言えば『上方向』に拡大していくっていうことですね」

ドク「そのとおりだ」

りょうこ「ちょっと今聞いてて、自分がお客の立場の例で思い浮かんだことがあるんです」

ドク「へえ、なんだい？」

りょうこ「去年行った旅行の話が、まさに今、ドクさんが説明した話そのものだなって」

ドク「そりゃまたどういう話？」

りょうこ「ゴールデンウィークにモルジブに行こうと思っていたんですね。ある程度ネットで目星はつけていたんですけど、いろいろと確認したいこともあったんで、三月上旬にある旅行代理店に行ったんですよ」
ドク「なるほど、それで？」
りょうこ「ネットで調べていた、四月二七日出発のモルジブ五日間コースっていうのを確認してもらったら、もう既にいっぱいになっていて……」
ドク「それでどうしたの？」
りょうこ「そこで担当の人は出発日が違うコースとか、滞在日が違うものとか、違う航空会社のものとか、いろいろなオプションを出してくれました。それでもこちらの都合が合わなかったり、満員だったりしてなかなかいいのがなかったんですよね」
ドク「それから？」
りょうこ「さあ困ったなあっていう話になったんですが、そのときに担当の人が、『お客様、現地でどんなことおやりになりたいんですか？』っていう話でいろいろと雑談していて、『やっぱり海がきれいなところがいいなあ、そんなに遠くなくて』っていう私の言葉から、『じゃあこんなところいかがです

「押し返されて」大満足のりょうこさん

か？』ってパラオを勧めてくれたんですよ」

ドク「それでいいのが見つかったんだね」

りょうこ「そうなんです。それで実際に行ってみたら、これが期待をはるかに上回って、大満足でした。これってまさにドクさんがさっき説明してくれたことそのものですよね」

ドク「いい例が思い浮かんだね。まさにどんぴしゃりだ」

りょうこ「私は初め、『このツアーがいい』っていうHowのレベルでバトンを渡しに行ったんですよね。だけどそこでいい選択肢がないから、『モルジブに行く』っていうWhatのレベルに『押し返された』」

ドク「まあ、そこまではよほど気が利かない担当者でなければ気づくだろうけどね。でもたまにいるが、まったく融通の利かない人だったら、『そのツアーはもう満員です』で終わってしまうだろうね」

りょうこ「そうやってさかのぼってもダメだったときに、『そもそも何がしたいんですか？』っていうことでWhyのレベルにまでさらに『押し返された』んですね」

ド　ク「その結果、選択肢が飛躍的に広がったわけだね」

りょうこ「そのとおりですね。しかもそれは話をすり替えられて、アリモノをあてがわれたっていうのとはまったく逆で、当初想定していたもの以上の解でした」

ド　ク「とってもいい例を思い出してくれたね。ここから学べることがいくつかある。まずは依頼者、つまりこの場合りょうこちゃんの立場で見てみると『自分が言い出した〝実現手段〟というのは必ずしも最適のものではない』ということだ」

りょうこ「確かにそのとおりでした」

ド　ク「次に解決者、つまり旅行代理店の担当の人からいくと『押し返す』ための重要なトリガーの一つは、『直接の選択肢がない』ということだ。これは、ありとあらゆる商品の営業マン一般にいえる。スキルの低い営業マンというのは、売れないのを自社の商品ラインアップのせいにすることがよくある。直接お客様に言われた商品がない場合に、すぐにあきらめてしまうからだ。この例で明らかなように、自社商品に直接選択肢がなくても、『押し返す』ことによって選択肢はいくらでも増やすことが可能になる。それも上流に押し返せば押し返すほど、選択肢は広がっていく」

マサヤ「それってこの構図を知っているかどうかで、ずいぶん差がつきますよね。そもそもこの差って、どこからくるんでしょうかね」

ドク「まず、人は直接目に見えるものとか形になったものにとらわれてしまって、その背後にあるものが見えない、あるいは見ようとしないってことだ。Why→What→Howといくにしたがってより形のはっきりした『具体的に目に見えるもの』になるからね。それから、上流になればなるほど一般化した表現にする必要がある。物事を一般化して考えるっていうのは、深く考えていないと気づかないことが多い。例えば、子どものことを考えてみよう。子どもっていうのは目先のおもちゃを見るとすぐにそこに目を奪われる。取り上げようとすると『絶対このおもちゃじゃなきゃダメだ』というようなことを言うが、別のおもちゃを見た途端にすっかり前のおもちゃのことなんか忘れちゃって新しいほうに熱中したりする。この原因の1つが『子どもは自分の欲しいものを一般化した言葉で表現できない』っていうことにあるね」

りょうこ「例えば、『動きが激しくてスピーディで色がきれいな遊び道具』なんて表現はできないですもんね」

マサヤ「そのときの『別の選択肢』っていうのも子どもは思いつかないですもんね」

りょうこ「さらにさかのぼれば、Whyは『何か楽しいことないかなあ……』っていう漠然としたことですよね」

ドク「そうだね。これは実は大人も同じで、目に見えない真のニーズを一般化した言葉で、言い換えれば『単純に』表現するっていうのは訓練が必要になるね」

マサヤ「だから『押し返せる』かどうかっていうのが重要なんですね」

ドク「まあ、でもそれも時と場合によるってことがあることは注意しておいたほうがいいけどね」

マサヤ「えっ⁉　どういうことですか？」

ドク「『押し返す』ことの注意点も言っておこう。一つ目は、『押し返す』っていうのは、ある意味でお客様の言っていることを一度否定することだから、やり方には十分気をつける必要がある。さっきの例のように、『提供する商品がない』っていう場合はトリガーが明確だけど、おぼろげながら『このお客様の言っていることは本当は違うんじゃないか』って思った場合には、『やんわりと押し返して』お客様自身にその必要性に気づいてもらう必要があるね」

マサヤ「なるほど、あくまでも自分でそう思い直したっていう感覚を持ってもらうことが大事なんですね」

へたに疑ってかからないほうがいいかも

ドク「それから、ある程度商品がわかりやすくて、商談のスピードが求められる場合には、へたに上流にさかのぼらないでバトンを受けたらすぐに下流に走り始めたほうがいい場合もある」

マサヤ「例えばどんな場合ですか？」

ドク「そうだね、君がファーストフードのハンバーガー店に行って『ポテトください』って言ったら、『お客様、何にお困りですか？』なんて聞かれても『腹減ってるからに決まってるだろ！』ってなるよね。まあこれは極端な例としても、へたに『疑ってかからない』ほうがいい場合もたくさんあるね。一番わかりやすいのは、この例のように『スピードが最優先』の場合だ。これが『ジャストミート』型のバトンの受け渡しが必要な場面だ」

マサヤ「『押し返す』ことの重要性と注意点はよくわかりました。特にボクのような、お客様に『やわらかいソリューション』を提供しなければいけないような仕事の場合は『鵜呑み』にするのは非常に危険ですね」

ドク「そのとおりだ。対象となるもともとの問題がやわらかければやわらかいほど『押し返す』ことの重要性が高まるっていうことだ。そのほかの場合も含めて、押し返したほうがいい場合と押し返さないほうがいい場合をまとめておこう（図表５－13）。もちろんケースバイケースだし、『押し返す』場合も相手が『本当にやりたいことに気づいて、自分の意志でほかの選択肢を選んだ』と思わせるのが高等テクニックだけどね。特に依頼者がプライドの高い人だったり、頑固だったりする場合には細心の注意が必要になる」

マサヤ「わかりました。『高等テクニック』のほうは難しそうなので、簡単にはできないかもしれませんが、自分が『押し返す』場面になったら意識はしてみます」

ドク「そうだね。そこまで行き着けばかなりの上級者だ」

マサヤ「バトンの受け渡しのパターンで最後に残った、『ミスマッチ』っていうのはどういう場合ですか？」

ドク「これは、依頼者のバトンを解決者が適切に受け取れずに走り出してしまうっていうパターンだね。つまり例えば依頼者がWhyで渡したのに、いきなりHowから走り始めてしまうってことだ。お客様が漠然としたビジネス上の要望、例えばコストダウンをしたいとか言っているときに、いきなりITシステムの画面設計の話を始めてしまうSEだとか、どんな話をされようが唐突に自社商品のカタログの世界に持ち込もうとする営業マンなんかがそれ

図表5-13　押し返すのがいい場合、悪い場合

「押し返す」ほうがいい場合	「押し返さない」ほうがいい場合
対象となる問題が「やわらかい」とき（システム開発やコンサルティングなど）	対象となる問題が「硬い」とき（コンビニで売っている商品など）
時間が十分にあるとき	スピードが重視されるとき
依頼者が思いつきで動く人の場合	依頼者が思慮深い人の場合
Why が明確に示されなかったとき	Why が明確に示されたとき

いずれにしても押し返し方は要注意
（自分で気づいたように思わせること）

に当たるかな」

りょうこ「すぐに抜いちゃう歯医者とか、なんでも手術しちゃう外科医なんていうのもそうかしら」

ドク「そこまでやるのはよほどの『やぶ医者』だろうけど、まあそういう人もいるかもしれないね」

マサヤ「要するに、手段に走って、目的を見失っている人っていうことですね」

ドク「そうも言い換えられるかな。どんな職業だろうがおよそプロフェッショナルというものは、お客様が上流でバトンを渡してきたら、それ以降の下流のことは一切心配させてはいけない。たまに、WhyやWhatでバトンを渡されているのにHowのレベルまでをお客様に聞いている人がいるが、こ

れはプロとしては許しがたい」

マサヤ「例えばどういうことですか？」

ドク「私はタクシーに乗って『〇〇まで行ってください』と言ったときに『どちらの道から行きましょうか』って言われると『金返せ』って言いたくなる」

マサヤ「年をとると怒りっぽくなるってことですか？」

ドク「うるさい、そうじゃない！」

マサヤ「ほらほら、それが老化ってやつですよ……冗談です。まあ、確かにボクもその気持ちはわかります。なんでこっちがお金払って道案内しなきゃいけないのかって思いますよね」

ドク「これが『ミスマッチ』の例だ。お客様のほうは『どこに行きたい』という要望としてWhatのレベルで渡しているのに、Howのレベルまで説明しないと受け取れないっていう状態だね。これはプロとしては失格だと思うね。まあ、逆にいうと、そこまで口を出して、『なんでこの道を通ったんだ』ってクレームを言うお客がいるからなんだろうという想像はつくから、理解はできないわけじゃないけどね。でもそれならそれで、『二つの選択肢があって、時間優先ならこっち、料金優先ならこっちがいいですよ』って確認するのがプロだと思うよね」

マサヤ「プロっていうのは、決してバトンを落としちゃいけないっていうことですね。あと、今思い浮かんだんですけど、この構図って上司と部下の関係に置き換えてもまったく同じですよね。上司にもバトンをどこで渡すかのタイプがいろいろありますよね」

ドク「そのとおりだよ。もっと言えば広い意味で問題解決の依頼者と解決者の関係であればなんにでも使えるね。上司と部下の例をもう少し突っ込んでみようか。例えば、営業部門を想定して、どこかのお客様が自社の商品を買おうかどうかの最終判断がつきかねているので、この上司は競合との比較表を使ってこのお客様を説得しようと思ったとしよう。この比較表の資料を部下に作らせるのにいろいろな指示の仕方があるよね」

マサヤ「Why、What、How の組み合わせっていうことですよね」

ドク「そうそう。この例でいえば、Why/What/How はこんなことになるかな（図表5－14）」

マサヤ「そうすると……たまにはボクにも図を描かせてください。ちょっと複雑になるかなあ……」

図表5-14　バトンの渡し方の例（上司→部下の仕事の依頼）

	上司からの作業依頼の仕方の例
Why	「自社商品を買うかどうか困っている顧客がいるんだけどどうしようか？」
What	「自社商品の優位性をアピールするための競合との比較資料を作ってくれないか？」
How	「資料の構成はこんな順番で、各ページのイメージはこんな感じ（グラフのXY軸とか、目盛とか字の色や大きさなどを具体的に指示）のもの作ってくれる？」

（上司のタイプの図を描き始める）

マサヤ「例えば『依頼者』を上司って置いてみたときに、WhyとWhatとHowとどのレベルで指示するかをパターン分けしてみたんです。まずはWhyかWhatかHowかの三通りですよね」

ドク「あとは組み合わせもあり得るよね」

マサヤ「そうですね。三つのうちの二つだけっていうのもあるのかな」

ドク「そうかもね。実際には存在しないかもしれないけど、一応パターンは全部出してみようか。全部×っていうのは依頼しないっていうのといっしょだから、それを除くと○×の組み合わせが三個あるから、2×2×2から全部×のパターンを引いて全部で七通りかな」

マサヤ「そうですね。これで全部かな。依頼の仕方を具体的に書いてみると……こんな感じになりますかね」

ドク「各パターンにはいろいろな長所や短所があるね。具体的にはこんな感じだろうか（図表5－15）」

（図の右の欄を作って埋めていく）

マサヤ「確かにそうですね。例えば指示がWhyだけの場合って、部下がWhatやHowを自分で考えなければいけないから、うまくいけばその人は育つ可能性があるけど、バトンが受け取れない人だったら、まったく期待と違うものが出てくる可能性があるね」

ドク「実際の場面で、このWhy型の依頼があるのは二通りあるんじゃないのかな？　このケースみたいに、上司もWhatやHowをうすうすわかったうえであえて部下に考えさせる場合。上司が自分で細かく指示できるのに時間がかかるとか品質が落ちるかもしれないっていう、いろいろなことを『我慢して』こうしている場合だよね。これはある意味、上司としては理想の姿かもしれない。自分でもともとあるべき姿を描いているから、ちゃんとバトンが受け取れない部下からの相談にも的確に応じられるからね」

図表5-15　依頼の仕方のパターン

		依頼する内容			依頼の仕方	特徴
		Why	What	How		
依頼者のタイプ分け	Why 型	○	×	×	大きな背景・課題だけ言う	・うまくやると部下が育つ ・へたをすると「バトンを落とす」 ・「確信犯」であれば最高の上司？
	What 型	×	○	×	やりたいことだけ言う	・中途半端な指示だと誤解が発生する
	How 型	×	×	○	細かいやり方だけ言う	・表層的なやり取りで本質に迫れない ・部下は育たない
	Why＆What	○	○	×	大きな背景・課題とやりたいことを言う	・初心者に対しては有効？
	What＆How	×	○	○	大きな課題・背景は言わずにやりたいこととやり方を言う	・そもそもの大きな誤解が生じるリスクあり
	Why＆How	○	×	○	大きな課題・背景と詳細の手段だけ言う	・結局何をやりたいかで誤解が発生する可能性大
	ALL	○	○	○	懇切丁寧に課題と背景、やりたいこと、方法を説明する	・部下の仕事はしやすいが、やがて部下は思考停止に？

マサヤ「もう一つの場合っていうのは、自分でもWhatとかHowをわからない状態で部下に振るパターン、いわゆる『丸投げ』っていうやつですね」

ドク「そうだ。この場合に部下が気の利く人ならいいが、バトンを受け取れない場合、悲惨なことになるね」

マサヤ「うちのアタラシ課長もたまにそういうパターンのときあります。雑誌とかテレビとかで新しい言葉を仕入れてきて、『おーい、これなんか使えないかなあ』なんて振られた人が困っているときありますよ」

ドク「まあ、いずれにしてもこの構図を理解して対応すれば、少しはうまくいくとおもうけどね」

マサヤ「考えたら、ここまでやってきた『上司と部下』の関係の組み合わせって、もとはと言えばお客様と営業マンの関係だったわけだから、ボクの普段の仕事にもこの組み合わせ表ってそのまま役に立つっていうわけですね」

ドク「そうだね。そういう考え方で個々の商談について、相手のお客様がどういう依頼をしてきているかを考えてみると、商談ごとにうまい対応ができるかもしれないよ」

マサヤ「早速使ってみます！」

まとめ

・ビジネスとは「依頼者」である顧客の問題を、「解決者」であるサプライヤーが解決することであり、この構図に問題解決ピラミッドをあてはめることがで

きる

・問題解決とは、依頼者から解決者へなんらかのニーズを渡して、解決者が解決するという、「リレー」のようなものと考えることができる

・リレーの「バトン」の渡し方によって問題解決のレベルや巧拙が決定される

・優秀な問題解決者とは、依頼者からの要求を「押し返して」考えることができる人をいう

・「押し返す」ことによって、依頼者の当初の想定を上回る解決策を提示することができる

Part 2

【応用編】プロジェクトを成功に導く

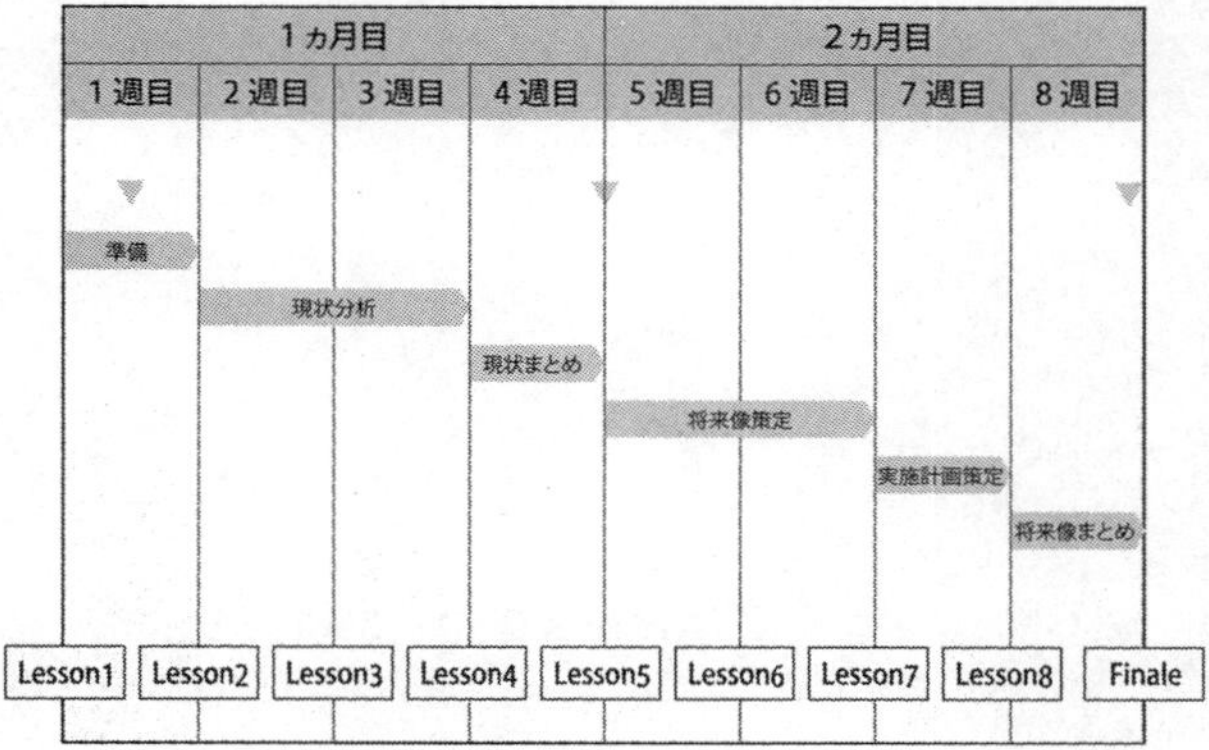

Lesson-1

プロジェクト計画……「ゴールから考える」

基礎編の講義が終わってから一カ月ほど経ったある週末、マサヤくんとりょうこさんが、ドクさんの家にやってきました。何か新しい相談事があるようです。

ドク「やあ、お二人さん、お久しぶり」

マサヤ「ドクさん、こんにちは。この前のお話はとっても役に立ちました。特に『リレー』の話なんかはいつもお客様のところにいって気をつけています」

ドク「そりゃお役に立ててよかったよ」

りょうこ「今日はちょっと相談があって来ました」

ドク「どうしたの？」

マサヤ「実はちょっと新しい仕事のことで……」

ドク「君は情報システムの技術営業をやってるんだったよね」

マサヤ「そうです。そちらの仕事のほうはさっき言ったようにまあなんとかやっているんですけど、今月からちょっと別の仕事も入ったんですよ」

ドク「へえ。どんな仕事？」

マサヤ「ボクがやっている技術営業の仕事って、お客様のニーズを聞いてそれに合わせて自社のソフトを使ってどうすればうまくいかっていう提案をお客様にするんですけどね。同じような仕事をしている人が会社の中に100人弱ぐらいいるんですよ」

ドク「ふーん、それで?」

マサヤ「そういうわけで、いろいろな提案書を作ってお客様に持っていくんです。これが一〇〇人が一〇〇人バラバラのことをやっていて、ちっとも効率的じゃないんですよ」

ドク「まあ、よく聞く話ではあるな」

マサヤ「そうなんですか? ボクは自分でも常々これってなんとかならないのかなあって思っていたら、先週営業部門担当のジンナイ常務っていう役員が、どこかの会社のソフトウェアのデモを見せてもらったみたいで、これを導入してなんとか効率化しろっていう命令が下ったんですよ」

ドク「へえ、ちょうどよかったじゃない」

マサヤ「ところが、なんとそのプロジェクトの社内でのリーダーにうちの課のアタラシ課長が選ばれたんですね。でも課長もいろいろな仕事で実働に十分時間を割くことができないんで、僕が事務局兼実質的なプロジェクトリーダーをやることになったんです。おととい急にですよ」

りょうこ「マサヤくんクラスの若手がリーダー的な役割をやるっていうのは、役員がオーナーのプロジェクトとしては異例よね」

マサヤ「そうらしいんですよ。アタシ課長っていうのは妙にそういうところの度胸があって、ほかにふさわしい人もいないから思い切ってやってみろっていうんです。まあ、社内的に前面に立つのは課長だし、メンバーに同じ部内のほかの課からもサポートしてくれそうな人をつけるからっていうことで……」

りょうこ「それで私も事務局ってことでかかわることになったのね」

ドク「なるほど、不思議な因縁だね」

マサヤ「そうなんです。いろいろとプレッシャーもあるんですけど、なんとかやってみようかなって思って。りょうこさんにもボクが少しは成長したところ見せなきゃって思ってますけど」

ドク「それじゃあ、余計にがんばらなきゃだね。まあ、会社としてもマサヤくんに期待してるところもあるんだろう」

マサヤ「まあそう思うことにします。でも実はボク、今までこういう本格的な『プロジェクト』ってあんまり経験がないんですよね。どういうふうに進めればいいかとか、どんなふうに考えて計画すればいいのかって皆目見当がつかないんですよ。でももう社内でのほかの部門代表メンバーも決まって、来週プロジェクトのキックオフ会議が開かれるっていうんでちょっとパニクってるんですよ」

ドク「なるほど。大変そうだねえ」

マサヤ「そんなひとごとみたいに言わないでくださいよ」

ドク「だって実際他人に起きてることなんだから、ひとごとに見えても仕方ないんじゃないの？……冗談、冗談。それで今日は私にどうしてほしくて来たの？」

マサヤ「まずはプロジェクトってどんなことに気をつけて、とっかかりとして何をすればいいかってことを聞きに来ました」

ドク「なるほど。ところでその仕事が決まってから君はこの二日間は何かしてたの？」

マサヤ「まずは計画を立てなきゃいけないって思って、来週までにやることを考えてみたんですけど」

ドク「どんなふうに？」
マサヤ「まずは今週と来週のタスクを考えてみたんですけど……（図表6−1）」
（マサヤくん、カバンからノートを出して下のリストをドクさんに見せる）
ドク「これだけ？」
マサヤ「ほかに今週と来週でやることありますかね？」
ドク「いや、そうじゃなくてさ」
マサヤ「なんですか？」
ドク「用意しようと思っているのは本当にこれだけ？」
マサヤ「今のところこれしか思い浮かばなかったんですけど」
ドク「このプロジェクト、期間どのぐらいだったっけ？」
マサヤ「まずは二カ月間で、二カ月後に現状分析のまとめと、システムを使って仕事をどう変えていくかっていう提案をすることになっているんですけど」

図表6−1　マサヤくんの初めの計画メモ

1週目	2週目
●キックオフ会議案内 ●メンバー向け事前説明 ●アタラシ課長への準備状況報告 ●キックオフ会議用資料作成	●キックオフ会議 ●次週以降のプラン作成 ・インタビュー ・システム調査 ・アンケート計画

ドク「そうすると、まずは二カ月間のプロジェクトと考えていいわけだね」
マサヤ「そういうことになりますね」
ドク「いきなり君は『ほうれん草のおひたし』にこだわっちゃってるよ」
マサヤ「何を急に言い出すんですか??」
ドク「前に『全体から』の話をしたときのこと覚えてる?」
マサヤ「ああ、あのカフェテリアの話ですか?」
ドク「そうそう。あのときに『ほうれん草のおひたし』の話をしただろう」
マサヤ「思い出しました。確か、列の初めだけから考えて料理を取り始めると、あとでちぐはぐになっていくっていう話のなかで出てきたんでしたよね」
ドク「そのとおりだよ」
マサヤ「今のボクがそうなっているってことですか?」
ドク「気づかないかい?」
マサヤ「……ああ、今、全部で二カ月だって言ったのに、計画しようとして視野に入っていたのは最初の二週間だけだっていうことですね」
ドク「そうだよ。それがまさにカフェテリアの列の初めからいきなり料理をとりだしちゃったっていうことさ」

マサヤ「ああ、なるほど。あのときはわかったようなわからないような、自分はそんな変な料理のとり方はしないよなあ、なんて考えていたんですけど、つまりこういうことなんですね」

ドク「どんぴしゃりで落とし穴にはまっちゃってるね」

マサヤ「はあ……そうでしたか。そうするとまずはカフェテリア全体を……つまり、二カ月間分を大きく見渡す必要があるってことですね」

ドク「そうだね。そのためには、この前話したもう一つの『結論から』っていうことを思い出さなきゃいけないよ」

りょうこ「最終目的地に『磁石』を置くっていう話でしたよね」

ドク「そう。今回の話にはあてはまらないかな?」

マサヤ「そうすると……二カ月先に磁石を置くってことか……二カ月後にどうなっていたいかを考えてみるっていうことですね」

ドク「そのとおり。まずはこのプロジェクトの終わりにはどうなっていたいかを考えてみよう」

マサヤ「いきなりそういわれてもイメージできないなあ」

ドク「ちょっと別の切り口で考えてみようか。こういうときに問題解決ピラミッドが役に立つよ（図表6－2）」

（ドクさんがピラミッドの絵を描き始める）

りょうこ「問題解決ピラミッドを『プロジェクト』っていうものに置き換えてみたわけですね」

ドク「そのとおり。マサヤくん、そもそも『プロジェクト』って何か考えてみたことある？」

マサヤ「確かによく日常でもプロジェクト、プロジェクトって聞きますが、改めて考えてみたことはなかったですね。何かチームを作って決められた目的を達成するみたいな……そんなイメージがありますけど……」

ドク「大事な言葉が出てきた。『目的』だ。プロジェクトというのは、一定期間内に所定の目的を達成するためのものだ。つまりプ

図表6－2　プロジェクト計画への問題解決ピラミッドの適用

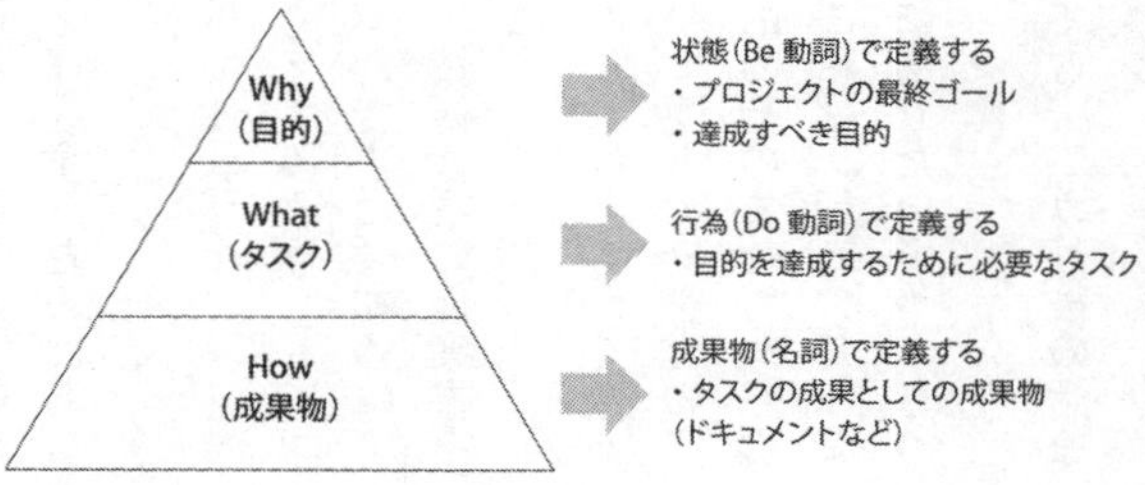

ロジェクトに必要なものが三つある。それは『目的』と『初め』と『終わり』だ。特に重要なのは目的だ。プロジェクトはこれを達成するためにあるといってもよい」

マサヤ「だからこのピラミッドの頂点が目的になっているわけですね」

ドク「そのとおり。では今回のプロジェクトの『目的』を考えてみよう」

マサヤ「改めて言われると、あまり意識しては考えていなかったですね。初めにアタラシ課長に言われたボクのミッションから考えれば、技術営業の提案書を共有するためのシステムの導入計画を作ることですかね」

ドク「それは本当に『目的』かっていう気もするが……まあそれはともかく今ある情報ではそれを目的としておこうか。それがこのピラミッドの一番上の三角形として、さらにこのピラミッドの頂上、つまり目的のそのまたてっぺんを定義しておこう。言ってみれば『山頂の高さ』だ。これは『行為』じゃなくて『状態』で定義しておいたほうがいい。二カ月後にありたい姿ってさっき言ったのはそういうことだ」

マサヤ「二カ月後の『状態』ですか？　いきなりそういわれても、二カ月後の話なんて見当もつかないですね」

ドク「わかりやすく言おうか。二カ月後に関係者で記念写真を撮るとする。山に登った人が頂上で撮る記念写真みたいにね。このプロジェクトだと誰が写っている?」

マサヤ「ジンナイ常務とアタラシ課長、それにプロジェクトメンバーのりょうこさんやボク、それに後ろのほうには協力してもらった社内の人たちがたくさん……っていう感じでしょうか」

ドク「常務や課長はどんな顔をしてる?」

マサヤ「ホッとしてにこやかに笑っています」

ドク「それはどうして?」

マサヤ「どうすればうまくいきそうかの先が見えているからです」

ドク「よし、それを目指す姿としておこう。二カ月後には、その先の明るい未来と到達すべき手段が見えて、それがみんなで共有されていればいいっていうことだ」

マサヤ「つまり今回で言えば、そのシステムを使って提案書がちゃんと共有されてみんながうまく活用して業務が効率化されているイメージができて、それを実現するための手順がはっきりしているっていうことですね」

ドク「そのとおり。それを二カ月後の目標としよう」

りょうこ「目標っていうのは、目的のさらに上の大目的みたいなものですね」

ドク「そうだ。ここで『Be動詞で定義する』って書いたのがそういう意味だ」

マサヤ「そうすると、次にやるべきはそうなるためにどういうことが必要で、さらにそのためにはどんなアウトプットを出していかなければいけないかっていう、このピラミッドでいうWhatとHowを定義していくっていうことですね。そうやっていけば、確かに『全体から』とか『結論から』っていう考え方ができそうな気がしてきました」

ドク「ここまでの話を一度まとめておこう

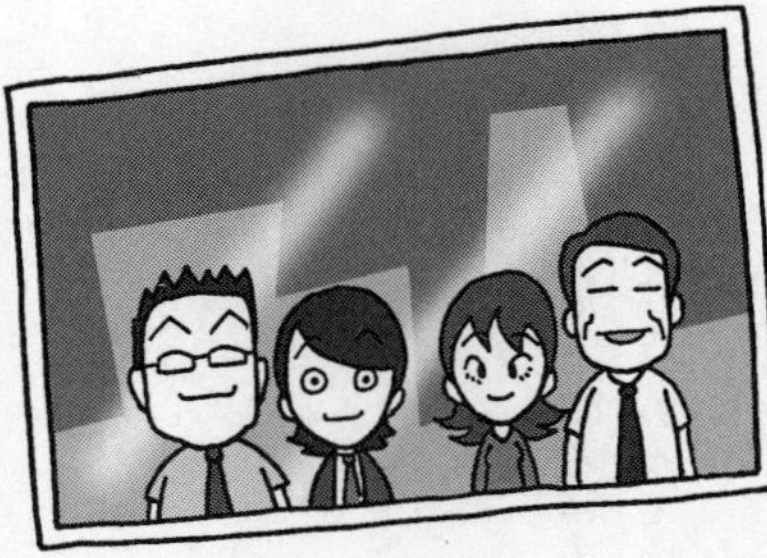

二ヵ月先の姿をイメージすると……

か。『全体から』と『結論から』っていう言葉のイメージだ（図表6－3）」

（ドクさんが絵を描き始める）

ドク「こんなふうに『上空の自分』と『二カ月先の自分』を仮にでもいいから置いてみるっていうイメージだね」

マサヤ「でも、さっきのボクはこの現在の自分の視点にとらわれてしまっていたっていうことですね」

ドク「そのとおりだ。そのことのデメリットっていうのは、以前に話した『結論から』と『全体から』のときのことを思い出してみればわかるよね」

マサヤ「思い出しました。後戻りが生じるとか、非効率だっていうことでしたよね」

ドク「そうそう、だからまず視点を転換してもらったんだ」

マサヤ「確かに今までは、現状にとらわれすぎていました。でもよく考えてみると、上空に上がったり、最終ゴールに自分を置こうと思ってもいままでの経験もあまりないし、情報もあるわけじゃないから、どう考えたらいいかもよくわからないなあ」

ドク「じゃあまず『結論から考える』から実践してみようか。さっきのスナップ

図表6−3　プロジェクト計画を「結論から」「全体から」考える

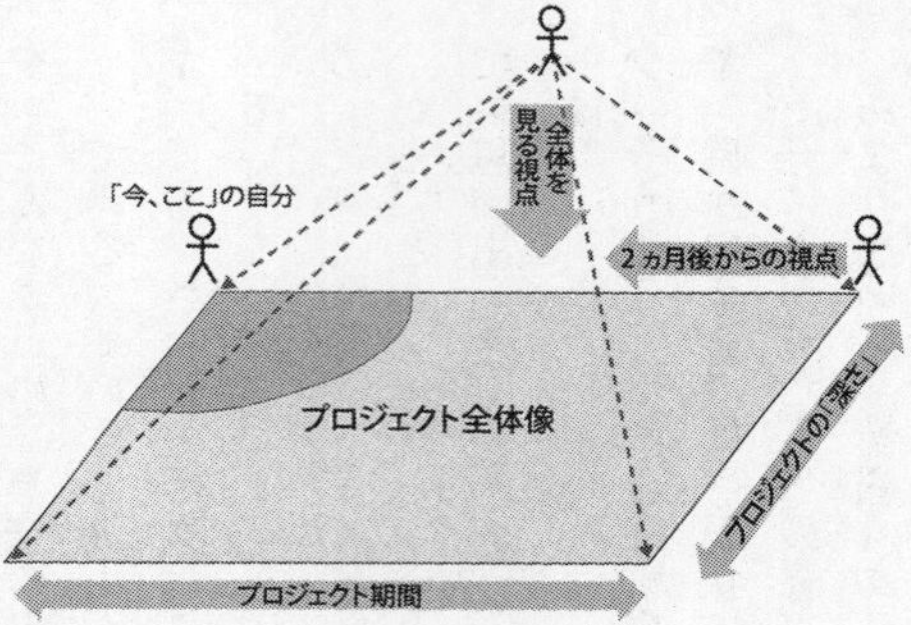

ショットを実現するために必要なWhatとHowが必要だよね。Whatっていうのが具体的な検討すべき項目で、それをまとめたものがその成果物っていうことになる。その成果物っていうのは今回の場合何になる？」

マサヤ「最終的な報告書っていうことになりますね」

ドク「じゃあ、まずはその報告書の目次を考えてしまおう」

マサヤ「ええっ⁉　まだ何もしていないうちから最後の報告書の目次を考えるんですか？　そりゃ無理に決まってますよ」

ドク「どこが？」

マサヤ「だって当たり前じゃないですか？　初めからそれができるんだったら、何もやらなくていいですよね」

ドク「報告書そのものを作れって言ってるんじゃないよ。その『目次』を作ろうって言っているんだよ」

マサヤ「だって、中身がわからなきゃ目次はできませんよね」

ドク「そこが発想の転換だ。まずは無理やりにでも『箱』だけ作って、中身はあとから埋めていくんだ。もちろん『箱』のラベルや大きさは中身を作りながら不都合があったら変えていけばいいさ」

マサヤ「？？？」

ドク「いきなりそう言ってもイメージがわかないかな」

マサヤ「まったく想像がつきません」

ドク「ここでもとっかかりは問題解決ピラミッドだ。最終報告書もWhy/What/Howで考えよう。報告書なんてものは、内容はともかく構成はどんなものでも似たようなものになる」

マサヤ「そんなもんですかねえ」

ドク「まあ、だまされたと思っていっしょに考えてみようよ」

マサヤ「はい、やってみます」

ドク「まずWhy/What/Howで大枠を作って、少しそれを今回の目的に合わせて具体化してみようか（図表6－4）」

（目次のイメージを作ってみる）

マサヤ「確かになんとか考えてみたら、一応形になってきましたね」

ドク「実は我々はさっきのプロジェクトのピラミッドでいう『How』のレベルの成果物の目次のイメージを考えながら、Whatつまりやることのリストも同時に作ってしまっていたんだ。それをスケジュールに落としてしまえば、それが二カ月間の大きなプランになるよ。例えばこんなふうにね（図表6－5）」

（見直し版のプラン）

図表6-4　最終報告書の目次

最終報告書の目次イメージ	
	●Why（背景、目的、目指す姿） ・現状の提案書の共有、活動状況 ・活動の目的 ・目指すべき将来像 ●What（やるべきこと） ・将来像実現のための施策 ●How（具体的な実施手段） ・Who（実施体制） ・Where（実施対象部署） ・When（実施スケジュール） ・How much（投資対効果）

りょうこ「すごいですね。あの情報だけでいきなりここまで……」

ドク「まあ細かいことはわからないが、今、君からもらった情報だけで考えるとこんな流れになるかな。一般的な言葉で書いたから、あとは君のほうで肉付けして、特に成果物なんかは不要なものは削除したり必要に応じて追加したりすればいいと思うよ」

マサヤ「何かだまされたような……でも確かにこの流れで行けば、二カ月先の目的は達成できそうですね」

ドク「あとは、実際の運用に当たってはこの概要のプランを個別に詳細化していけばいい。それについては、初めに君が作っていたように、直近の二週間ぐらいを具体的なタスクに分解していけばいいよ。それから、問題解決ピラミッドのWhy/What/Howとこのスケジュールとの関係のイメージも書いておこう」

マサヤ「そうしてもらえると、これまでの話とつながってよくわかります」

ドク「まず縦方向。これはさっきの『プロジェクト』に適用したピラミッドの構造といっしょだ。一番上がWhyの『マイルストーン』だから、これがいわば目標、つまりゴールだね。中間報告や最終報告で『どうなっていたいか』

を考えるんだ。そして次がWhatのやること、つまりタスクだ。そしてその下がHowのレベルでこれが『名詞』で定義した成果物になるっていう構造だ」

りょうこ「横方向はどう考えればいいですか？」

ドク「これは、縦がプロジェクトの『進め方』的なものだったのに対して、『中身』と思ってもいい。要はさっきの『目次』をイメージすればいいよ。Whyの『現状』っていうのは、今回の活動をしなければいけなくなった背景、そしてWhatっていうのはそのために達成すべき将来像、その実現手段

図表6-5　修正後のプラン

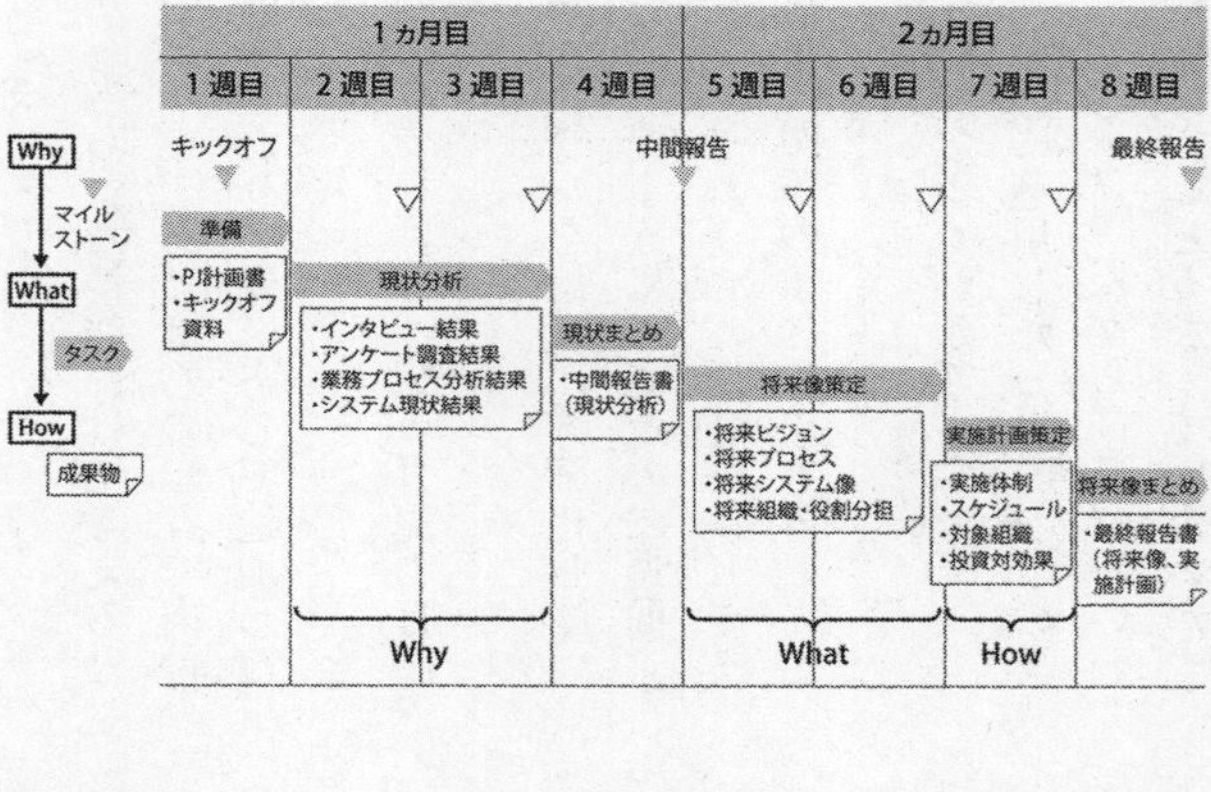

としての体制やスケジュールが How っていう流れになるね」

マサヤ「なるほど。もう一度このスケジュールを持って帰って復習するのと、詳細に計画の肉付けをしてみます。ありがとうございました」

まとめ

・プロジェクトとは、一定の目的を一定期間に実行するものであるので、「目的」「初め」「終わり」を意識すべきである

・開始時点から、「最後にどうなっているべきか」を状態で定義（Why）して、それを大きなタスク（What）と成果物（How）に落とし込む

・開始時点で最終報告の目次をつくる。Why→What→How の流れを意識して5W1Hにすればまずは大枠はカバーできる

Lesson-2

情報収集&仮説構築……「『全体から』考えてみる」

社内プロジェクトが始まって一週間、普段の仕事のほかに社内プロジェクトと大変な日々が始まりました。その相談も兼ねてマサヤくんとりょうこさんが週末にまたドクさんを訪ねます。

マサヤ「こんにちは」
ドク「やあ、その後どうだい？」
マサヤ「先週のアドバイスを受けてなんとかスタートは切れました。いよいよ現状調査の情報を集めていかなきゃいけないんで、ちょっと相談にきました」
ドク「まずは関係者へのインタビューだったっけ？」
マサヤ「そうですね。あんまりこういうのもやったことないんで、どんなふうにすればいいのかと思っているんですよね」
りょうこ「私もたまに残業時間とかに相談に乗ったりしています」
ドク「何か自分なりには考えてみた？」
マサヤ「いろいろな担当の人にインタビューしていく予定で、ある程度のアポはとっているところなんですけど、どんな意見が出てくるかわからなかったので、まずはうちの課の身近な人に、今回の『提案書の共有』っていうテーマで箇単に意見を聞いてみたんですよ」

ドク「どんな感じだった？」

マサヤ「概略をまとめたのがこんな感じなんですけど……（図表7－1）」

ドク「ははあ……なるほど、やっぱり思ったとおりだな……」

マサヤ「なんですか？『思ったとおり』って？」

ドク「いやいや、こっちの話。まあある程度現状がわかるぐらいの情報はあるね。で、これからどうするの？」

マサヤ「もう少し詳しい話を全国の人に聞いて回る予定です。ただ、どういうふうに準備していこうかと悩んでいたんです」

ドク「ここでも『結論から』っていう考え方が試されるね」

マサヤ「なるほど。この限られた情報からでも、仮の結論を考えてみようってことですね。周りの人だけなんで、聞いた人の数は少ないですが、わりといろいろな経験をしてきた人たちだから、意外に全体の意見の縮図かもしれませんからね」

ドク「そうだとすると、この情報からどう考える？」

マサヤ「さあ……」

図表7-1　予備インタビューの結果

予備インタビュー結果（課内）

1. 提案書はほとんど流用はできていない（A さん）
2. 実際は属人的で個人管理の場合がほとんどで、探すのは事実上不可能（A さん）
3. 人のネットワークで持っていそうな人に聞いている（A さん）
4. 関西支社で以前にシステム化したことがあると聞いたことがある（B さん）
5. それは使い勝手は悪くなかったと聞いている（B さん）
6. 使えるコンテンツが少なかったのではないか？（B さん）
7. 実はお客さんの複数支社にアプローチしていたことがあって、お客様のほうから以前に同じような提案を別支社からしていることを指摘されて恥をかいたことがある（C さん）
8. そのときは困るがみんな「のど元過ぎれば熱さ忘れる」状態になっている（C さん）
9. 忙しくて終わった商談の整理をしている余裕がない（D さん）
10. でもそういうシステムがあればすごく便利だと思う（D さん）
11. 部門サーバーに一部の人が入れているので、そこを探すこともある（E さん）
12. でもそれはボランティアがやっているだけである（E さん）
13. お客様の情報は基本的にほかのお客様には出せないので、共有するなら情報保護の観点も考慮する必要がある（E さん）
14. やっても評価されないので、誰もやらないのではないか？（F さん）
15. ほかの人がやったのは「玉石混交」ですぐに流用できないものもある（F さん）
16. 管理する担当が決まっていないので、フォローがされない（F さん）

ドク「まずこのリストを見て、なんかいろんなものがごちゃまぜになっているっていうふうに感じない？」

マサヤ「そうでした……そうなんです。なんか個々の意見の性質がなんとなく違っているような気がして……どうも『野菜』と『果物』が微妙に混じっているような……」

ドク「その違和感がなんなのかって考えてみよう。情報を見るときにまず必要な視点は、『切り分ける』っていうことだ」

マサヤ「『切り分ける』ですか⁇」

ドク「そうだ。『単純に考える』の話をしたときに、必要な性質なり特徴を抽出するっていう話をしたよね」

りょうこ「目的に応じてっていうことでしたよね」

ドク「そうそう。ここでもそれをやってみよう。ここではどういう特徴を持ってこのたくさんの意見を『切り分け』られるだろう」

りょうこ「『目的』で分けるっていうことは、この情報をそのあとにどういうふうに使うかっていうことですよね」

ドク「そうだね。りょうこちゃん、いいところに目をつけた」

マサヤ「そう見てみると、これは『今こうだ』っていう状況だけを言っているものと、『こうすればいい』っていう将来に対しての意見とに分けられますね」

ドク「『現状』と『将来』っていうことで切り分けたわけだね。そうすれば、そのあとの使い道が『現状分析』に使うのか、『将来像計画』に使うかっていうことで分けられるよね。もう少し突っ込んで見てほしいんだけど、現状を言っているようで、少しほかのものと違う意見が見えない？」

マサヤ「ああ、今起きていることをそのまま言っているものと、その原因について触れているものがありますね」

図表7-2　インタビュー結果の集約例

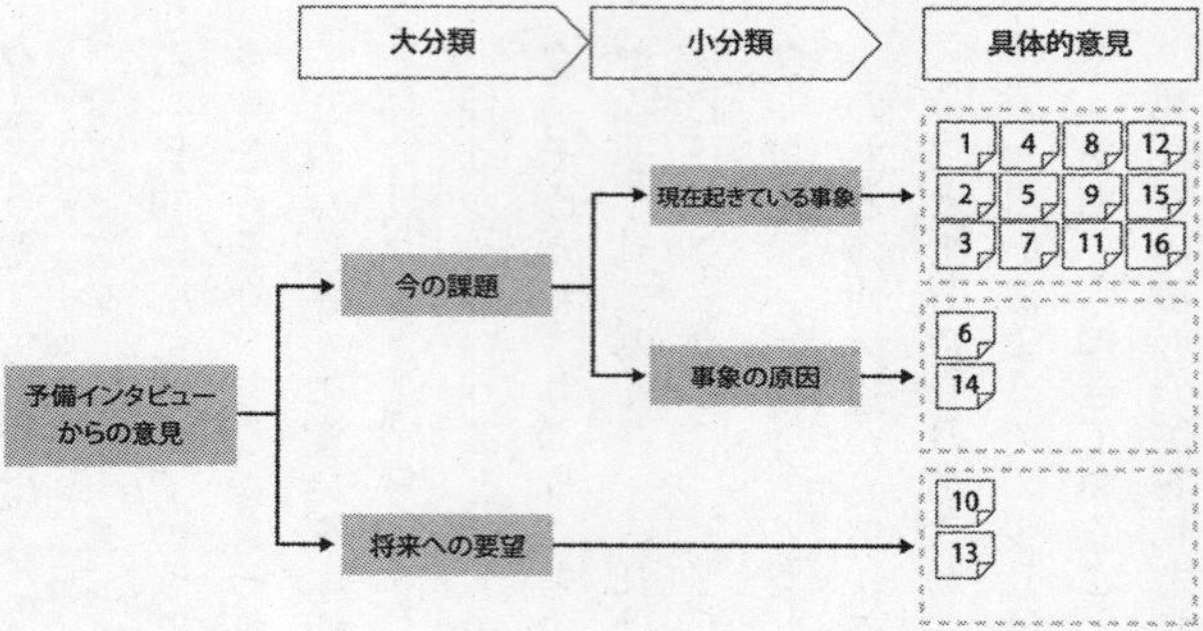

ドク「そうそう。そういうふうに考えると、これらはどう切り分けられる?」

マサヤ「こんな感じでしょうか。各意見に番号を振ってそれを割り振ってみます（図表7－2）」

ドク「そうそう、そんな感じだね」

りょうこ「こう見ると、聞いてきた内容が現在の事象に偏っていることがわかりますね」

ドク「まあ、マサヤくんはきっと『課題はなんですか?』って漠然と聞きにいったんだろうから、ここが多くなるのはうなずけるけどね」

マサヤ「でも聞きながら、この3つが混在しているっていうのはまったく意識していませんでした。これを意識しているのといないのとでは同じようにインタビューしてても格段に差が出る気がします」

りょうこ「そう考えれば、いっしょに課題の原因や将来のアイデアも意識して聞き出せるものね。それから、見ていて気づいたんですけど、この事象と原因の関係って What と Why の関係に似ていますね」

ド　ク「そのとおりだ。だから、順番としては、きちんと事象を把握して、それからその原因を追究していくっていうのがいいね。じゃあ、『野菜』と『果物』が切り分けられたところで、まずはインタビューのとっかかりで一番収集が必要な『現在起きている事象』のところを深掘りしていこうか。さあ、次どうする?」

マサヤ「これをまた『切り分ける』んでしょうかね」

ド　ク「そうだね。じゃあ今度はどう切り分けるかだ」

りょうこ「またなんらかの性質とか特徴が出せればいいんですよね」

ド　ク「ここで思い出してほしいのが、カフェテリアの話だ」

マサヤ「ああ、白地図にマップするっていうやつですね」

ド　ク「そうだ。そうすると何がいいんだっけ?」

りょうこ「ひと言で言うと、『全体から考える』ことで、バランスとか偏りに気づくことができるんでしたよね」

ドク「そうそう。つまりこういうことだ。さっきの整理した一番上の箱が現在の事象を並べたものだったよね。これが私には、トレイに載った料理に見えるよ」

マサヤ「相変わらず言うことが強引ですね」

ドク「ちっとも強引だとは思わないけどね」

マサヤ「えっ⁉ どういう意味ですか?」

りょうこ「わかったわ。一つひとつの意見をバラバラにとったお皿だってみなせば、これをうまく並べられる『白地図』があれば、カフェテリアのときみたいに、この意見の偏りとかつながりが見えてくるってことですよね」

ドク「そのとおりだよ。じゃあ、この場合にはどんな白地図を用意するかだ」

マサヤ「横軸は、カフェテリアと同じように、提案書を管理する手順を並べてもいいですね。提案書を作って、保存して、管理して、それをまた流用するっていうのがサイクルになっているようなイメージで」

りょうこ「縦軸が難しいわね。カフェテリアでは和食、中華、洋食って分けたけど、ここでは使えないものねえ」

ドク「ハハハ、そうだね。ではどんな分類を使うかだ。漠然とでもいいから、どんな分類がいいと思う？」

マサヤ「なんか、仕事の仕組み全体をカバーできるような分類の視点が欲しいですよね」

ドク「そうだね。ちょっとここは難しいかもしれないから助け舟を出そう。仕事の仕組みという観点では、①人・組織、②業務プロセス、③情報・システム（IT）に分類するという切り口があるよ。People/Process/Technologyとか、頭文字をとってPPTフレームワークとよばれているけどね。ほぼこれで仕組みはカバーできると考えていいよね。これは『仕事の仕組み』を変えるときの分類としてよく用いられるものだ。覚えておけば何かと今後にも役に立つと思うよ」

りょうこ「じゃあ、その横軸、縦軸で白地図を作って、今挙がっている意見をマッピングしてみましょうか」

マサヤ「よく見ると、二つの箱に混じっているものもありますね」

ドク「そういうのは、二つに分けて二個所に置いておくことにしようか」

りょうこ「例えば2番の意見は、『個人管理になってしまっている』っていう管理の側面と、『その結果として探し出せない』っていう作成の側面に分けるっていうことですね」

ドク「そうだね。ほかにもあれば、それぞれの要素に分解して扱うほうがいいね。これは今回に限らずこういう情報を収集したときの鉄則だけど」

（時間をかけて三人で一つひとつの意見を読み上げながら白地図にマップしていく）

ドク「よしできた……と（図表7－3）。さあ、これから何が

図表7–3　インタビュー結果を整理する

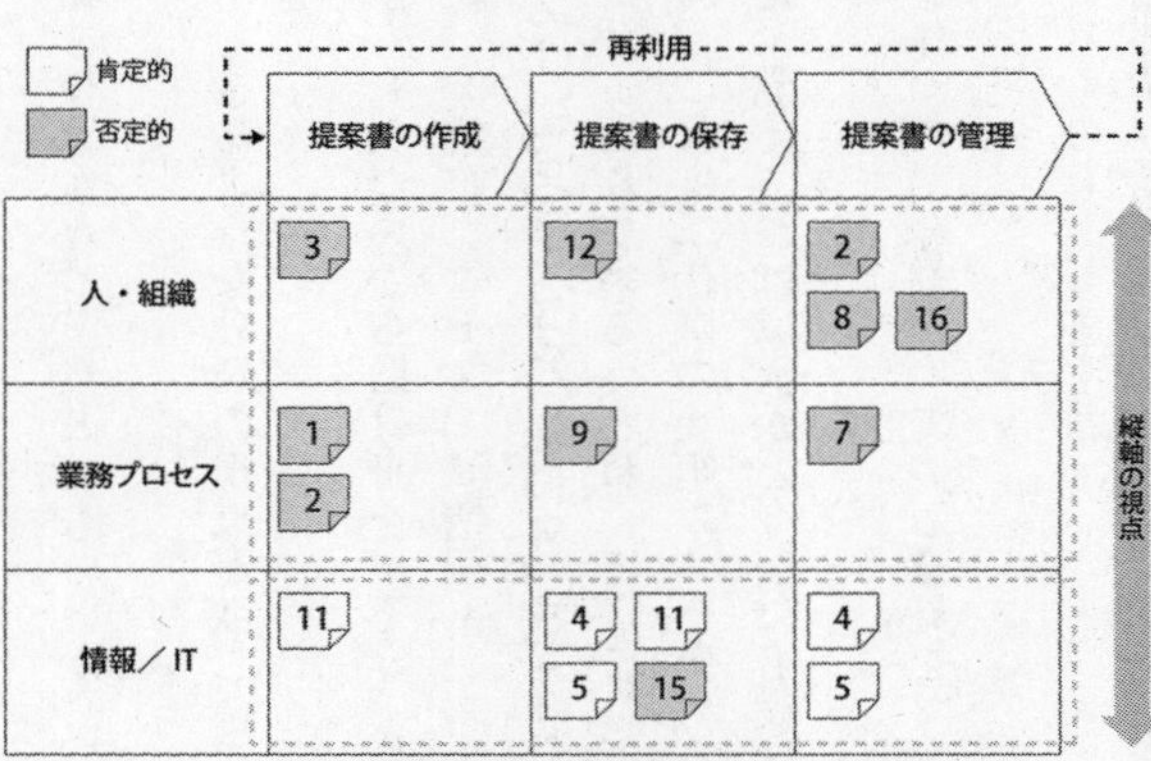

わかる？」

マサヤ「情報とかITとかの欄は意外に肯定的な意見が多いですね」

ドク「そうだね。この原因としてはどんなことが考えられる？」

マサヤ「システムがあったら使うんだけど、むしろ使われない原因はそれ以外にあるってことでしょうか」

ドク「使っている人からは、使い勝手は悪くないっていう意見が出ているよね」

マサヤ「そうですね、意外にシステムが問題じゃないのかもしれません」

ドク「今のは縦軸方向に見たときの偏りの気づきだったよね。ほかに気づくことはない？　今度は横軸で見てみようか」

マサヤ「活用の場面だけかと思ったら、意外にデータを保存・管理するっていうほうにも課題が存在していますね」

ドク「そうだね。つまり何が言える？」

マサヤ「課題っていうのは、使う場面が多いのかと思ったら、意外にためたり管理するための仕組みにも問題がありそうですね」

りようこ「そうね。結局これらってつながっているから、課題も全部つながっているのね。改善するときにも、この『サイクルをつなげて回す』っていう観点が必要そうだっていうのがわかるわ」

ドク「ためたり管理するための仕組みっていう観点から見るとどこが足りなそう?」

マサヤ「これには、その原因っていうところを突っ込む必要がありそうですね。今出ている意見で見ると、さっきの図(図表7－2)の『事象の原因』の箱に戻って……『動機づけ』かもしれないですね」

りょうこ「そうね。やると得をする仕組み作りっていうか……でもそれにはその方向でもう少し情報収集してみる必要がありそうね」

ドク「こうやって書いてみると、いろいろなことがわかってきたよね。まだ少ない情報からだから、これが正解かどうかはわからないが、インタビューやアンケートなどの情報収集をするに当たってのこれが問題の仮説になるね。今回は身近な人の意見から仮説を出すっていうことをやってみたけど、こういう仕事に慣れてきたら、身近な人に聞くさらに前の段階、つまり自分だけで先に仮説を作ってから身近な人に聞いてみると、さらに効率的に作業が進められるようになるよ」

マサヤ「確かにここまで自分で考えてから今後のインタビューに臨むのと、やみくもに臨むのではまったく違う気がします。もう一つわかったのは、フレームワークの使い方です。これは正直びっくりしました。カフェテリアのときとまったく同じやり方が普段の仕事にほとんどそのまま使えるっていうのは、一つの発見でした。ああやって、箱にマッピングするだけで、課題の傾向が浮き彫りになりましたよね。ただ分類しただけではわからなかったことが見えてきました」

ドク「それがまさに『全体から考える』っていうことのメリットだよ。わかるところだけの意見を漠然と出していてもあまり『気づき』がないよね」

マサヤ「でも、今までボクがやってきたアイデア出しはほとんどその前で終わっていました。そのあとが大事だったんですね。一つ疑問があるんで質問していいですか？」

ドク「なんだい？」

マサヤ「今日のあのフレームワークはドクさんがどこからか出してきたんで、ああいうふうにいろいろな知見が出てきたわけですけど、あれはケースバイケースでいろいろな箱のセットがあるわけですよね。そこの部分が魔法を見せられているみたいだったんですけど、あれは自分でやるにはどうすればいいんでしょうか」

ドク「確かにあそこは私が箱を出してきてしまったね。これは自分でやる場合には、大きく三つのやり方がある。一つ目は世の中に存在するものを使うやり方だ。例えば経営分析に用いる３Ｃ（Customer：顧客、Competition：競合、Company：自社の三つの視点から考える）とか、マーケティングの４Ｐ（Product：製品、Price：価格、Place：チャネル、Promotion：販促の四つの視点から考える）とかだ。これはさまざまな分野の教科書とか文献に出ているから、その分野別でよく使われるものを持ってくればいい。さっきの図の縦軸がそう。これは業務改革をやるときによく用いられるフレームワークなんだ。二つ目は、そこまで

ドクさんのつづらを開けたら魔法のフレームワークが！

一般化されていなくても、既に何人もの人が使っている実績があるもの、例えば社内の先輩が使っているような資料から持ってくることだ。会社の組織図を使って社内全体の意見をマップするなんていう方法は誰かが使っていないかな。そして三つ目は、客観的ななんらかの基準によって自分で作り出すことだ。『客観的な基準を使う』っていうところがポイントだ。ここでの目的は自由に出したアイデアの偏りを矯正してみるっていうことだからね。ここでまた偏った箱を出してきたら意味がないからね」

マサヤ「三つ目のやり方って難しいですよね。自分で作り出せればもともと苦労しないっていうか……」

ドク「確かにそれはそのとおりだね。三つ目のやり方だけはほかの二つより難易度が上がるよ。でもいくつか参考にできる方法がある。例えばさっきの図の横軸っていうのがこのパターンだ。何かの手順をそのまま箱にしてしまうっていうことだ。例えば何かの段取りを考えるときに、やることのもれをチェックするんであれば、段取りの手順を並べて箱にしてしまえば、それでチェックができるよね」

マサヤ「それはなんとか自分でもできそうです。ほかのやり方はありますか？」

図表7−4　フレームワーク活用方法の例

①既存のフレームワークを利用する（用途・分野別）

例：経営分析の３C、
マーケティングの４P、AIDMA/AISAS モデル
製造業の QCD
業務改革の People/Process/Technology（本文参照）
「衣食住」、「心技体」

②自分で導き出す

例１：対立概念（○○と非○○）
男性／女性、賛成者／反対者、固定費／変動費など
例２：作業の流れ
料理の手順のプロセス、イベントの準備プロセスなど
例３：「数直線」
20 代未満／ 20 代以上 40 代未満／ 40 代以上
身長 170cm 未満／ 175cm 以上など
例４：単純分類
血液型、星座、出身都道府県など

ドク「そうだな。パターンとしてはこんな感じかな（図表７−４）」
（フレームワークのパターン分けの例を出す）

マサヤ「このパターンを使って自分で作り出してみればいいわけですね」

りょうこ「カフェテリアの例も、今日の情報分類も、これらのなかから二種類を選んで縦に並べてマトリックス型の『白地図』にしたっていうことですね」

ドク「そうだね、必ずしも二つ使わなくても一つでも使えるけどね。例えばさっきの情報の最初の分類（図表７−２）では、『今』

と『将来』とか、『事象』と『原因』っていう分類にしたよね。まあ、初めは難しいかもしれないけど、やっていくうちにだんだんできるようになると思うよ。三つの方法を紹介したが、いずれもポイントは、自分の基準ではなくて、第三者的、あるいは客観的な視点で箱を用意するっていうことだ」

マサヤ「わかりました。すぐにはできなくても意識してやってみるようにしてみます。もう一つ疑問に思ったことがあるんですけど……」

ドク「なんだい？」

マサヤ「今日はドクさんは、バラバラのリストを見てからフレームワークの箱を出してきましたよね。あれは順番として逆に最初から用意してやったほうがよかったんでしょうか」

ドク「それは二通りあるね。今日やった流れをまとめておこうか（図表7－5）」

（フローの図を描く）

ドク「この初めの分岐しているフローは、並行してやってあとで合わせてみるっていうやり方をお勧めするね。先に箱を用意してから、それに合わせて情報収集してしまうと、その切り口で考え方が固まってしまうっていうデメリットがあるからね。まずは自由に意見を出してみてから、あとでなんらかの

『白地図』を使って、そこに各意見をマッピングしてみることによって、視点のもれやダブリをチェックするっていうのがいいと思うよ」

マサヤ「わかりました。ところでドクさん、さっきボクが最初にリストを見せたときに『やっぱり思ったとおりだ』って言いましたよね」

ドク「そうだっけ？」

マサヤ「ええ、確かに言いました。あれってもしかして、あのバラバラのリストを見た瞬間に、あとで描いたフレームワークの図の状態が頭に浮かんで、

図表7-5　フレームワークの活用方法

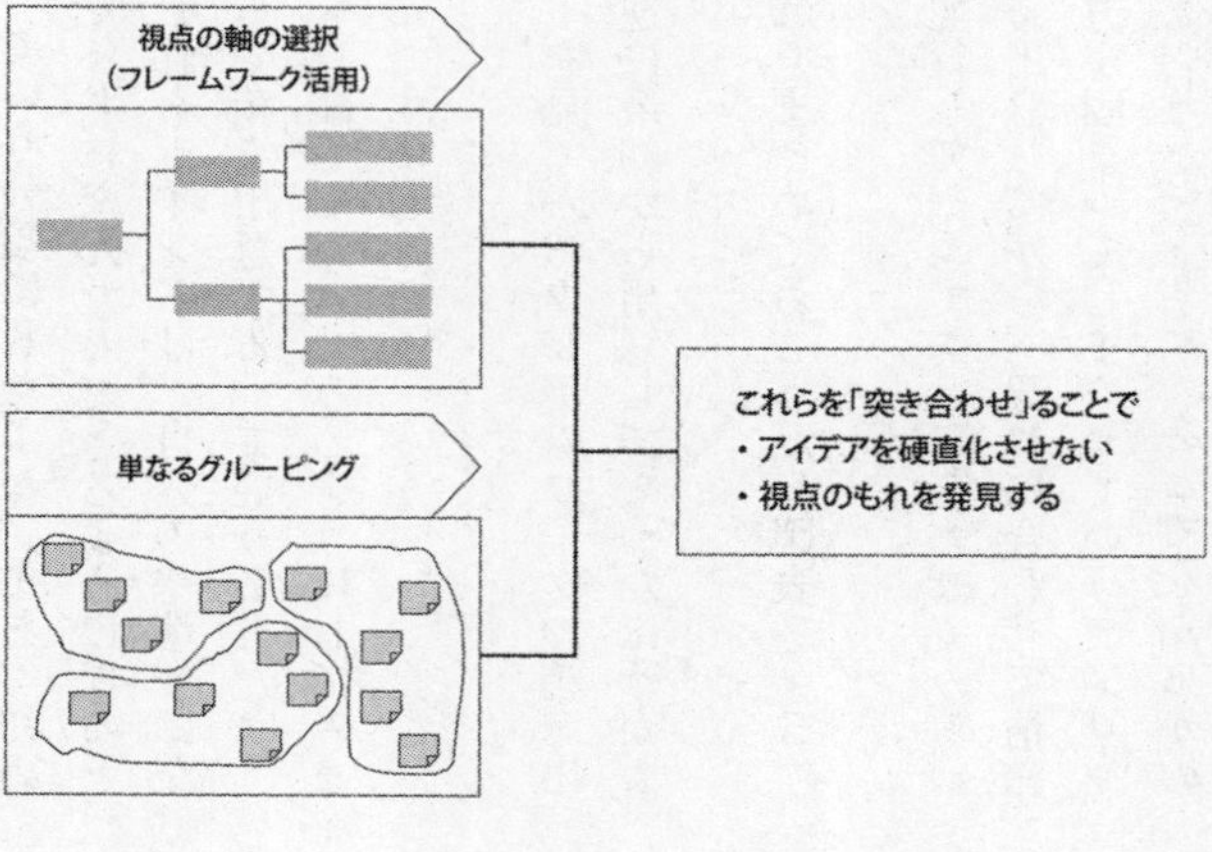

システムが問題じゃないとか、ためたり管理する仕組みが大事だとかっていうのが『見えた』っていうことだったんですか？」

ドク「まあ、そういうことだね」

マサヤ「えっ、本当ですか？　信じられない……」

ドク「まあ私もだてに年食っていないっていうことだろう」

マサヤ「それって訓練するとそうなるっていうことですか？」

ドク「それは確実にそうなるね。どういうときにどういうフレームワーク、つまりどういう切り口で見たほうがいいとかっていうのは確実に『場数を踏む』ことでわかるようになっていくからね」

マサヤ「フレームワークで全体をもれなく把握していくっていうイメージはとてもよくわかりました。頭のなかにこのマトリックスの箱を用意しながら話を聞くのとそうでないのとでは、全然違いますね。それ以外にインタビューに臨むに当たって注意すべきこと、ありますか？」

ドク「もう一つ大事な視点を紹介しておこう（図表7－6）」

（そう言って、ドクさんはまたホワイトボードに図を描き始めた）

ドク「いいかい、これが問題解決全般に心得るべき『T字の視点』だ」

マサヤ「T字の視点？」

ドク「そう。これは横軸が対象とする課題、この場合は潜在的課題の全体像だ。そして縦軸が深さだ。対象課題を語るときには、まず対象の全体像を把握すること。これがT字の横棒だ。そしてもう一つ重要なのは、そうやって全体像を明確にして、そのなかでの位置づけを明確にした一部分を徹底的に具体的に掘り下げることだ」

マサヤ「なるほど。つまりインタビューで聞くときも具体的な事例を聞いてきたほうがいいっていうことですね」

ドク「そうだ。ただ『提案書が流用で

図表7-6　問題解決に必要な「T字の視点」

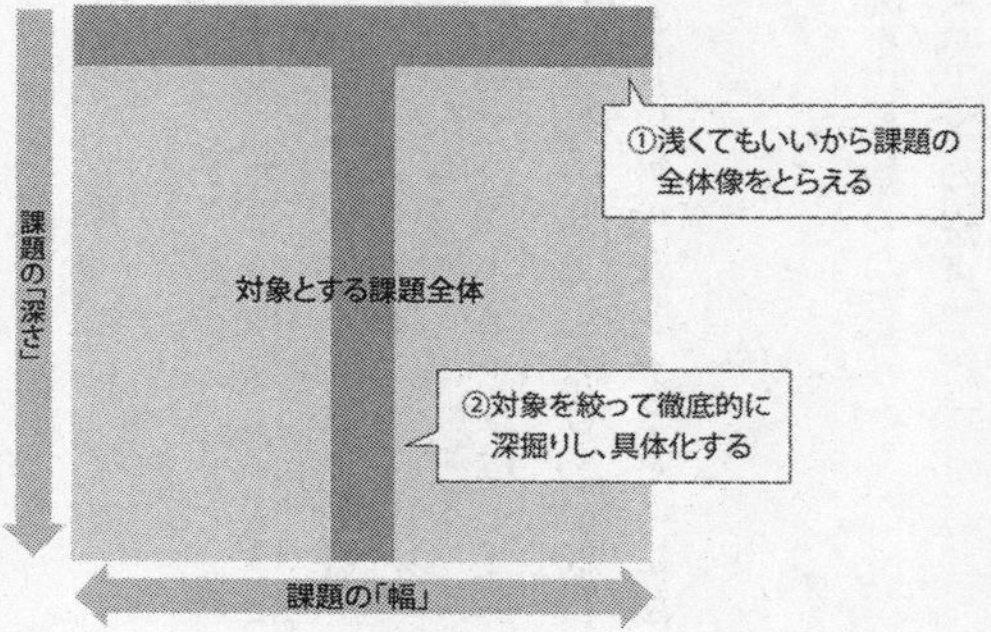

きなくて困った』だけじゃなくて、『○○社担当の○○さんが○月○日に○○部門の○○課長を訪ねて○○の提案をしたときに、提案書の作成に○○時間かかったが、偶然にあとで見つけた△△社用の提案書を流用すれば△△時間は短縮できた』とかね」

マサヤ「でも、すべてそんなに聞いていたら、いくら時間があっても足りないですよね」

ドク「だから縦棒は一部だけなんだ。ほんの一例だけでも徹底的に生々しい情報を持っていると、そのほかのエリアのことも類推できるようになる。例えば、一つの支社でそれだけ突っ込んで聞いてくれれば、次の支社で同じような話が出たときにもある程度の土地勘を持って聞くことができるだろう。それが、縦も横も中途半端に聞いてくると、これができなくなる。こんな感じにね（図表7-7）」

マサヤ「今の話を聞いていて、UFOキャッチャーを思い出しました」

りょうこ「あのゲームセンターにあるやつ？」

マサヤ「そうそう。あれって、アームの動きって縦と横の二軸の動きしかできないでしょ。でもこの動きだけでどこにでも行こうと思えば行けるでしょ？」

図表7−7　「T字の視点」を持たない例

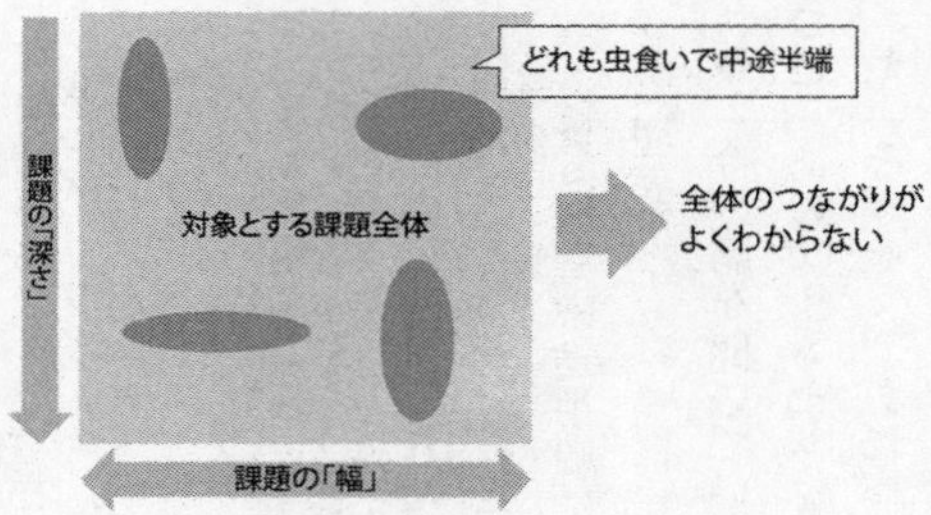

りょうこ「私は、『一芸に秀でた人はなんでもできる』って誰かがこの前言っていたのを思い出したわ。縦軸が一芸に秀でるっていうこと。この感覚があれば、どこの分野に行っても応用が利くっていうことよね」

ドク「ただし、その場合には一つ条件があって、横軸の『類推力』が伴っているっていうことが条件になるね。縦軸だけの人がいわゆる『専門バカ』っていうことだよね」

マサヤ「なるほど。T字の視点っていうのも参考になりました。インタビューのときには意識するようにします。これでがんばって支社を回って意見収集をしてきます」

まとめ

・本格的な情報収集に入る前に、まずは少ない情報から仮説を作ってみる
・膨大な情報も「切り分ける」ことによって傾向が見えてくる
・情報を整理し、切り分けて傾向をつかむために思考の白地図（フレームワーク）を用意して、個々の情報をマッピングするのが有効である
・フレームワークは、まずは「世の中で使われているもの」を流用するのがやりやすい。そのあと、自分で作れるようにする。いずれにしても「客観的基準」で作るのがポイントである

Lesson-3

会議運営……「すべては目的のためにある！」

プロジェクトも三週目に突入します。
今日もマサヤくんはりょうこさんといっしょにドクさんのところを訪ねたところです。だいぶ佳境に入ってきたと見えて、二人とも少し疲れ気味の様子です。

ドク「どうした？　二人とも今日は何か浮かない顔してるけど」
りょうこ「ええ、ちょっとね」
ドク「例のプロジェクトで何かあったのかい？」
マサヤ「ええ、まあ」
ドク「うまくいってないの？」
りょうこ「ええ、いきなり最初から難航しちゃって……」
ドク「それでまた相談に来たってわけだな。じゃあ、コーヒーでもいれるから話聞こうか」
マサヤ・りょうこ「よろしくお願いします」
（コーヒーを飲みお菓子をつまみながら）
ドク「じゃあどんな状況か聞こうか」

マサヤ「どうもこうも……毎回脱線ばかりでちっともまとまらないんですよ」

ドク「具体的に言うと？」

マサヤ「まずはいろいろな部門の今の課題を中心にヒアリングしようかと思って、会議を何回か招集したんですけども、毎回毎回、いつの間にか自分たちの苦労話や自慢話ばかりになってしまって、ちっとも具体的なアイデアとかが出てこなくて、前に進んでる気がしないんですよね」

りょうこ「そうですね」

マサヤ「しかもそれって、それなりに経験がある年上の人ほどその傾向が強かったりするんで、舵とりが大変なんですよね」

ドク「そりゃあ、大変な役回りを引き受けたもんだね」

りょうこ「でしょう。もう本当、貧乏くじ引いたって二人で言ってるんですよ」

ドク「まあ、それだけ会社も君たちに期待してるってことだよ」

マサヤ「こういう場合、どういうふうに対処したらいいかってりょうこさんといつも悩んでいるんですけどね。基本的な会議の進め方がなっていないんですよね。何かいい方法ないでしょうかね」

ドク「特効薬はないけどね。いつも言っているように基本が大事。問題解決ピラミッドで考えてみよう」

りょうこ「なるほど。問題解決ピラミッドって、いつものWhy/What/Howってやつですよね」

ドク「そうそう。これね（図表8－1）」

（……と言ってドクはピラミッドを描き始めた）

ドク「会議でいうと、Whyは目的、Whatは議題、アジェンダともいうね。そしてHowが具体的な進め方だ」

りょうこ「ということは、いつもドクさんが言っているように、一番重要なのは、目的ってことですね」

ドク「そのとおり。さすがりょうこちゃん、のみこみが早い」

マサヤ「会議の目的が大事ってことは一応わかっているつもりではいるんですけどねえ……」

図表8－1　会議への問題解決ピラミッドの適用

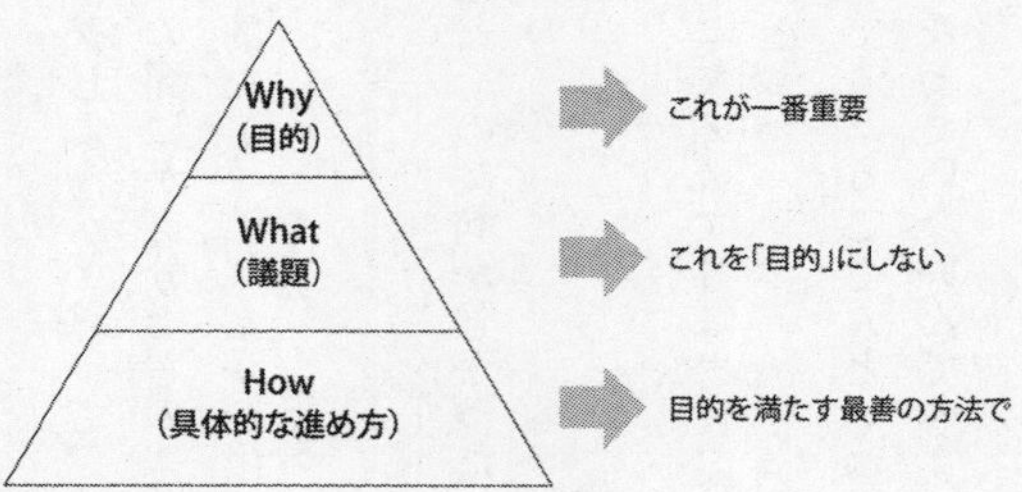

ドク「そこが問題だ。およそ世の中で『わかってるつもり』というほどたちの悪いものはない。なまじ何もわかっていないよりも、基本を軽視しがちになる。仕方がないからあれを見せるか」

りょうこ「何ですか、『あれ』って？」

ドク「私が昔開発しようと思っていた『会議効率化ロボット』だよ」

マサヤ「なんですか？　『会議効率化ロボット』って？」

（ドクが机の引き出しの奥からスケッチを取り出す）

ドク「あったあった、これだ（図表8－2）」

マサヤ「『チャブダイ3号』？　おかしな名前だなあ。これ一体どんな動きをするんですか？」

図表8-2　会議を劇的に効率化するロボット「チャブダイ3号」

ドク「これを会議室に常備しておくんだ。機能はたった三つしかない」
りょうこ「なんですか？　その三つって？」
ドク「まず一つ目。目的を確認しないで始まった会議は会議室のテーブルをひっくり返して、会議をその場で中止させる」
マサヤ「ハハハ、そりゃまた強引ですね。それでそんなへんてこな名前がついてるってわけですね。でもわかる気がします」
ドク「こりゃ本当に冗談じゃないんだ。意外に当事者は気づかないものなんだが、目的も確認・共有しないで出席者が勝手にそれぞれの頭のなかに描いた『目的』に従って話して終わってしまうってのが諸悪の根源だね」
りょうこ「だから、開催しているほうからしてみると脱線しているように見えるわけですね」
ドク「そういうこと。ポイントは、意外に『脱線させている本人はそれを脱線だとは思っていない』っていうことなんだ」
りょうこ「脱線している人に、自分はこの会議の目的に照らすと脱線しているんだ、っていうのを気づいてもらうっていうことが重要ってことなんですね」
ドク「そのとおり」

マサヤ「確かに目的を確認するのが重要だっていうのはよくわかるんですけど、ボクたちも一応毎回議題を確認してから会議を始めているつもりではいるんですけどね」

ドク「なるほど。じゃあちょっと例を見せてもらおうか」

（カバンのなかからＰＣを取り出して、前回の会議資料のファイルを開く）

マサヤ「いつもこんな感じで初めに議題を確認するんです」

ドク「ふーん。予想していたとおり、典型的なダメな例だね」

マサヤ「えーっ⁉　どこがですか？」

ドク「そもそも『議題』を会議の目的だと思っているところが根本的に間違っているね。さっきのピラミッドを見てごらん。議題ってのは『What』、真の目的っていうのはその上位の『Why』だ」

りょうこ「そうだったんですね」

ドク「例えばこの前回の議題を見てごらん。『1　前回の会議内容の確認』。これ本当に目的かい？　『2　他社事例の紹介』。これも目的かい？　『3　営業部からの報告』。これも目的かい？　これ私にはどう見えるかっていうのを説明しようか」

マサヤ「いったいどんなふうに見えますか?」

ドク「例えばどこかの旅行でパッケージツアーに参加したとしよう(図表8-3)」

(と言って、ドクさんはまたホワイトボードに何か書き始めた)

ドク「朝、集合場所に行ったら添乗員さんが今日の予定としてこんな説明をしてくれたとする」

(と言って、図表8-3の上部を示す)

ドク「これ見てどう思う?」

マサヤ「何をするかはわかりますが、どこに行くのか、つまり肝心の行き先がわからないですね」

ドク「そうだろう。私がさっきの『議題』を見たときの印象はまさにそんな感じだよ。○○の確認、△△の報告、これらはみんな最終目的地に至るための手段でしかないんだ。大事なのは、『それでどうしたいか?』ってことだよ」

りょうこ「例えば、会議の終わりの時点で、『現状の課題認識が一致した状態にしたい』とか、『次回の進め方の認識が全員同じになった状態にしたい』とかですね」

図表8-3　会議の「議題」は目的ではない

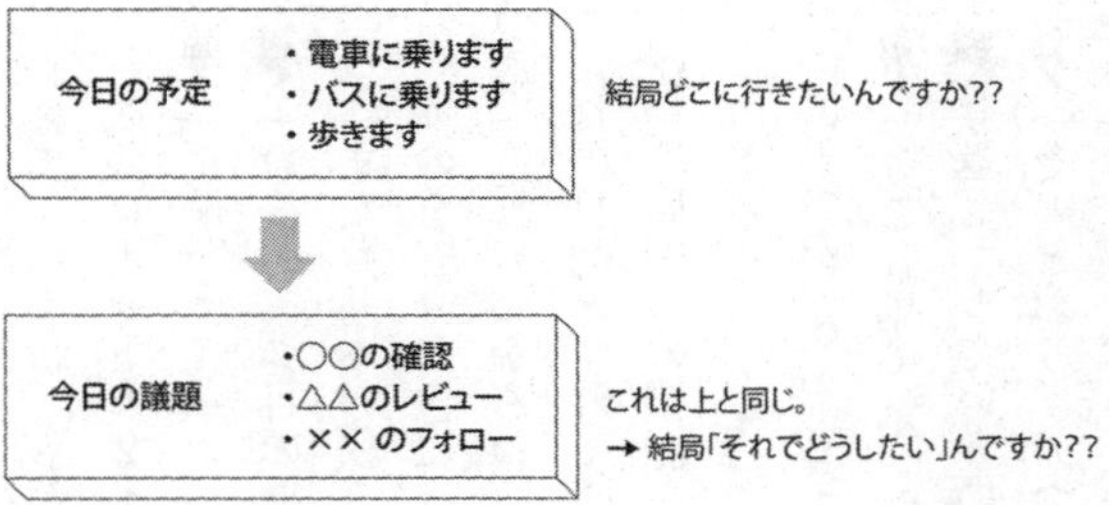
今日の予定
・電車に乗ります
・バスに乗ります
・歩きます
結局どこに行きたいんですか??
今日の議題
・○○の確認
・△△のレビュー
・×× のフォロー
これは上と同じ。
→ 結局「それでどうしたい」んですか??

ドク「そうそう、りょうこちゃんいいことを言ってくれた。『会議の終わりの時点で』っていうのが重要なキーワードだ。これが最終目的地だ。あるいは、プロジェクト全体の最終目的地を再確認したあとに今日の最終目的地を確認するといった形でもいいかもしれない。ポイントは最終目的地、これは目的というより目標といったほうがいいかもしれないが……は『行為』じゃなくて、『状態』で共有する、別の言い方をするとDo動詞ではなくて、Be動詞で表現するっていうのがポイントだよ。行為で定義してあるうちは、まだ手段であることがほとんどだと考えたほうがいいよ」

マサヤ「なるほど。ひと言で『目的を確認する』っていっても、きちんと考えなければいけないってことですね。プロジェクトの最初の計画のときにも同じこと、言われましたよね。わかりました。ドクさんが説明してくれたことっていうのが、このロボットの2番目の機能ってことですね」

ドク「正解」

マサヤ「最後の三つ目の機能はなんですか？」

ドク「またも基本の繰り返し。ここまでやってきた『目的はなんですか？』というのを五分おきにひたすら文字どおり『機械的』に言い続けること」

りょうこ「これもわかるわ。初めはその方向に行ってるつもりでも、いつの間にか当初の目的とずれてくるのよね」

ドク「結局三つの機能をまとめるとこういうことだな（図表8-4）」

（と言って、ドクはチャブダイ3号の絵をホワイトボードに磁石で貼って、そこに三つの機能を書き入れた）

マサヤ「今これ見て気づいたんですけど、これって結局よく聞く『Whyを三回繰り返せ』っていうのと似ていますね」

ドク「そのとおり。いつも言っている『結局基本がすべて』ってことだね。でも人間の本性として、なかなかこうできないんだな。だからこれを常に思い出させることが重要なんだ。このロボット、本当に出来上がったら、三〇〇〇万円ぐらいの価値は十分あると思うがね」

マサヤ「三〇〇〇万⁉　そりゃまた無茶な値段ですね」

ドク「無茶かどうか、もう一度よーく考えてごらん。例えば中堅クラスが一〇人以上集まって二時間会議をするとする。会社として負担しているもろもろの経費も全部入れたら、一回の会議にどのぐらいのコストがかかっていると思う？」

マサヤ「例えば人件費を平均五〇〇万として……」

ドク「それは各人の平均標準年収だよね。諸手当とか全部入れたら会社が負担しているトータルのコストというのは、まあ大ざっぱ

図表8-4　チャブダイ3号のたった3つの機能

にその一・五倍ぐらいと考えたほうがいいよ」

マサヤ「じゃあ、約八〇〇万。そうすると、一日あたりは、一年あたりの勤務日数の約二〇〇日で割って四万円ですね。一時間に直すと……八時間で割って約五〇〇〇円か。そうすると一〇人で二時間の会議は……一〇万円？　結構な金額になりますね」

ドク「そうだろう。目的を確認しない会議っていうのは、やる価値そのものがない、へたをすれば余計な仕事を増やすっていう意味でそれ以上の損害だから、丸々一〇万円のムダってことになる」

りょうこ「会議室一つあたりであれば、一日三回、年間六〇〇回の会議があるとすれば、年間六〇〇〇万円ね」

ドク「まあ、すべてが無駄な会議っていうのも暴論だろうから、半分として、ちょうど三〇〇〇万だ」

マサヤ「なるほど。そう考えると、たった一年でもとがとれるってことになるんですね」

りょうこ「こんな基本的な機能だけなのにね」

ドク「でも私の観察するかぎり、ほとんどの会議っていうのは、幸か不幸か、このロボットが『大活躍』できるものばかりだと思うけどね」

マサヤ「逆にいうと、主宰者が基本に忠実であることを肝に銘じるだけで、簡単に……かどうかはわかりませんけど、年間三〇〇〇万円ぐらいは浮かせられるっていうことですね」

ドク「でも、こういう価値ってわかりにくいんだよなあ。実は簡単に出る効果なんだけど」

りょうこ「私もそう思います。ドクさん、次の質問があるんですけど」

ドク「なんだい？」

りょうこ「とにかく目的、つまり問題解決ピラミッドの一番上が一番大事だっていう話はよく理解できました。そうすると、次に必要なのは、Whyを実現するのに必要なWhatとHowっていうことになりますよね」

ドク「そういうことになるね」

りょうこ「それはやっぱり達成すべき目的によって変えたほうがいいってことになりますよね」

ドク「そのとおりだ。目的が違えば、やり方も変えるのが自然な考え方だろうね」

マサヤ「それはどう考えればいいんですか？」

ドク「これは、5W1Hで考えるのが一番手っ取り早いな」

りょうこ「確か前に習った問題解決ピラミッドの説明のところでは、WhyとWhat以外の3W1HをまとめてHowと見なして考えるっていうことでしたよね」

ドク「そうそう、りょうこちゃん、よく覚えていたね。要はこれらを要領よく設計するっていうことだ（図表8－5）」

（5W1Hの表を書く）

りょうこ「なるほど。ここに書いてあることってみんな基本ですけど、考えてみるとほとんどの会議ってその基本ができていないですね」

マサヤ「また『チャブダイ3号』の出番かな？」

ドク「そうそう。結局基本を愚直にやるだけ。それに尽きるよ。まあ、そればかりいっていてもあまり芸がないから、一つだけこの5W1Hを設計するときのヒントを与えておこうか」

マサヤ「なんですか？」

ドク「会議における『発散・収束サイクル』だ」

マサヤ「『発散・収束サイクル』……ですか⁇」

図表8－5　会議の5W1Hの設計

すべてに目的適合性があるか？

5W1H	具体的項目	主な留意点
Why	・目的 ・「着地点」 ・目指す達成レベル	・最終目標は状態（Be 動詞）で定義されているか？ ・会議の性質（報告・共有、意思決定、アイデア抽出など）は？ ・目指すレベル、詳細度は？
What	・アジェンダ（議題）	・上記 Why を達成するのに適切か？ ・時間内で目的を達成するのに過不足ないか？
Where	・会議場所	・必要な機材がそろうか？ ・Why に合致した場所か？ ・雰囲気（フォーマル・インフォーマルなど）は適切か？
When	・開催日時	・Why に合致したタイミングか？（早すぎず遅すぎず） ・時間は適当か？
Who	・参加者	・Why に合致したメンバーか？ ・過不足ないか？ ・役割分担（ファシリテータ、書記など）はどうするか？ ・「化学反応」は問題ないか？
How	・会議の運営方法	・発表方式か、ディスカッションか、ブレーンストーミングか ・発表ツールは紙？　パワーポイント？ ・座席配置は？ ・ドレスコードは？ ・そのほかスナックや遊び用の「小道具」は

ドク「そう。意味わかる？」

りょうこ「発散っていうことは、意見をどこまでふくらませられるかっていうことかしら」

ドク「そうだとすると、『収束』のほうは？」

マサヤ「どこまで意見をまとめられるかっていうことですかね」

ドク「二人ともいい線いっているよ。およそ会議ってのは、絵に描くとこんなイメージになるかな（図表8－6）」

マサヤ「要は初めに発散させて意見をたくさん出して、あとから収束させて意見をまとめるっていうことですね」

図表8-6　会議の発散→収束サイクル

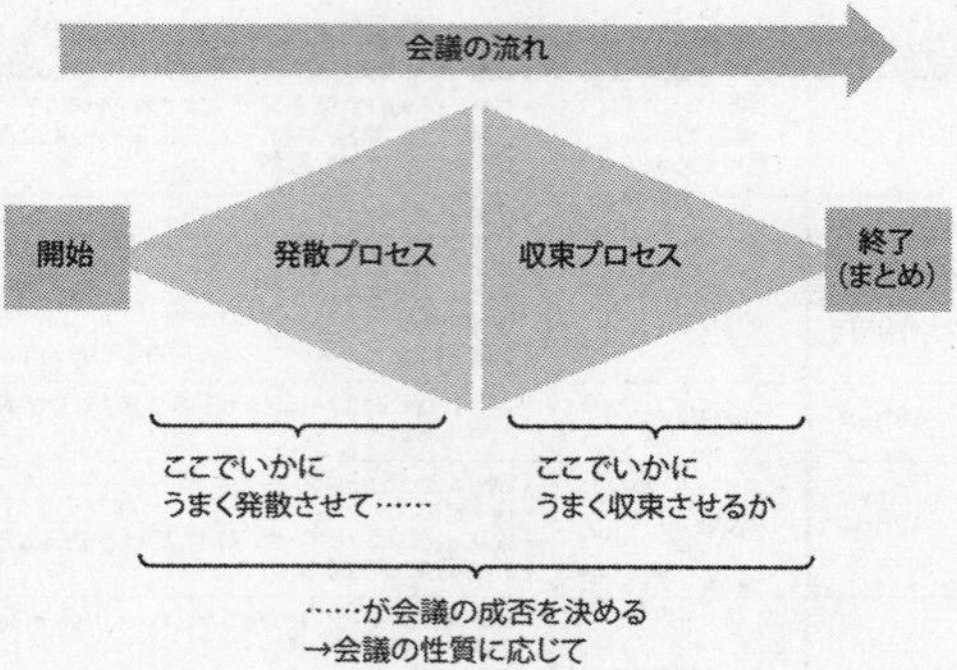

ドク「そうだ。会議っていうのは、一般的に発散の角度が大きくて、つまり幅が一度思い切り広くなってから、最後に一気に収束させられたものがいいっていうのはわかる？」

りょうこ「最後はまとまったほうがいいのは当たり前よね。それから、前半のほうは、少ない意見から出てきた結論より多くの意見から出てきた結論のほうが、よりよい結論の可能性が高いっていうことかしら」

ドク「そのとおり。でもこの発散と収束の仕方のあるべき姿っていうのが会議の『目的』によって微妙に変わるんだ」

マサヤ「例えばアイデア出しなんかやるときのブレーンストーミングっていうのは、必ずしも最後に収束させる必要はないから、広げるだけ広げたほうがいいってことですよね」

ドク「まあ、多少は最後にまとめが入るから少しは収束方向に向けるとしてもね。それからほかのパターンも何か考えられる？」

りょうこ「例えばもう結論がある程度見えているような、『報告会議』みたいなのは、ほとんど発散する要素はないわね。多少の質疑応答があるぐらいで」

ドク「そうだよね。そうすると、さっきの発散↓収束サイクルの『標準型』がこんな形に派生することになるね（図表８－７）」

マサヤ「なるほど。会議によってずいぶん形が違ってくるわけですね」

ドク「そうだ。だから、会議の目的が決まったらそれに合わせてこの発散↓収束サイクルをある程度頭に描いて、それを実行するための手段、つまりHowを考えればいいってわけさ」

りょうこ「例えば、発散するための実現手段っていうのはどういうものがありますか？」

図表8-7　会議の発散→収束サイクルの応用

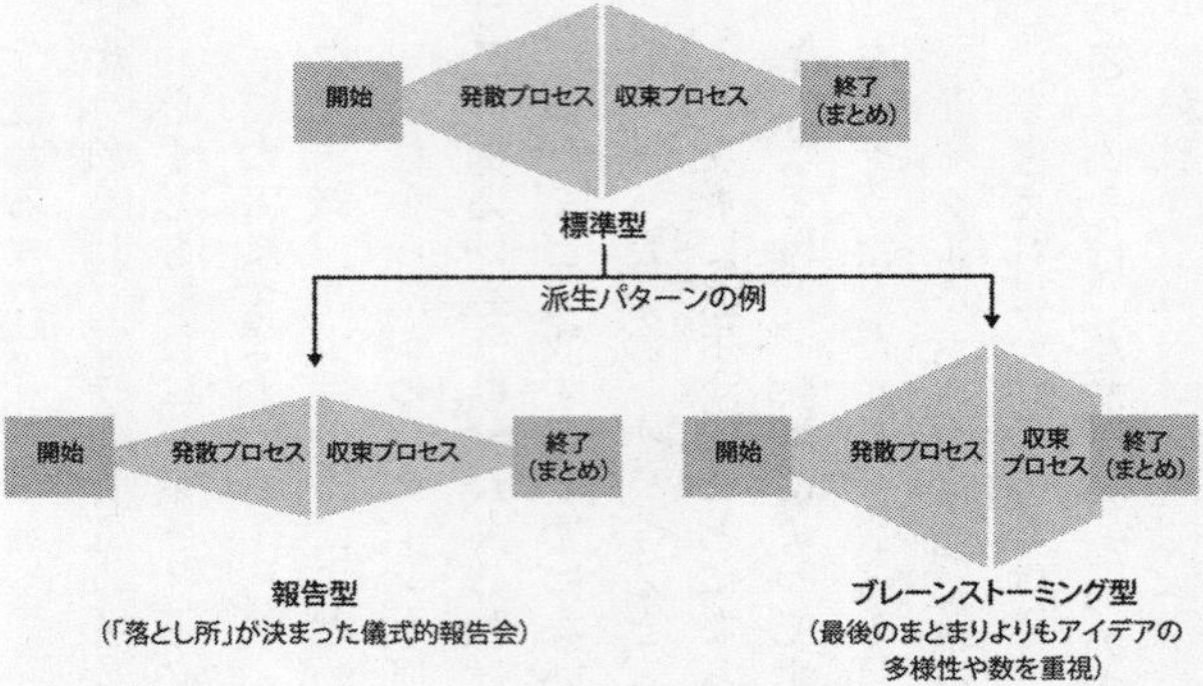

ドク「さっきのブレーンストーミングっていうのも一つの例だし、あるいはWhereでいえば普段の職場と違うところのほうが意見が出るだろうね。Whenでいえば、週末とか夜とか、普段と違うところがいいよね」

マサヤ「ってことは、Whoも普段と違う人とか、あるいは社外の人を呼んでくるとか」

りょうこ「Howの会議の仕方もカジュアルなほうがいいわよね。服装や、あとちょっとしたキャンディやスナックや遊び道具も用意するとかね」

ドク「なかなかいいアイデアが出てき

たね。その調子で収束のほうは？」

りょうこ「さっきとすべて反対ね。わりと型にはまったフォーマルな形にするのが一般的にはよさそうね」

マサヤ「あと、思い出しました。例の『フレームワーク』です。ある程度収束先を決めてやるんであれば、初めからフレームワークを用意してしまったほうがいいですよね」

ドク「よくわかったね。それはインタビューのときに話したとおりだ」

マサヤ「でも、サイクルの片方に重点を置く場合はいいけど、両方やらなきゃいけないときは大変ですよね」

ドク「そうだね。いろいろな手法を混在させるとか、あと一番大事なのは、会議

図表8-8　発散・収束を考慮した5W1H

すべてに目的適合性があるか？

5W1H	発散系	収束系
Why	・「質より量」 ・とがったアイデア抽出 ・ガス抜き	・「量より質」 ・意思決定 ・情報共有
What	・アイデア抽出 ・対話的議題	・一方的議題 ・「報告」 ・「説明」
Where	・オフサイト（温泉合宿など）	・オンサイト（通常会議室など）
When	・定時間外 ・制約しない	・定時間内 ・制約する（タイムボックス）
Who	・多様性重視 ・めったに会わない人	・最終着地に必要な人 ・いつも会っている人
How	・なりゆきにまかせる ・ブレーンストーミング ・アナログ（「手書き」など）	・事前に落としどころを想定 ・フレームワークの活用 ・デジタル（「活字」など）

を運営している人がそのサイクルを明確に意識して進行させていって、発散から収束に移るときには明確にその意思を伝えて、出席者の方向性を合わせていくことも重要になるね。最後に、発散・収束を考慮した場合のそれぞれの『5W1H』の例をまとめておこうか（図表8－8）。まあ、これらはあくまでも例だから、基本はあくまでも目的に応じた最適な手段をとるっていうことだね」

マサヤ・りょうこ「今週も大変勉強になりました」

まとめ

・会議運営で意識すべきことは「目的」「目的」そして「目的」、つまりWhyである

・「アジェンダ」はWhyでなく、そのためのWhat（やるべきこと）である

・Whyが決まれば自動的にWhatとHowを含めた5W1Hがその会議に合わせ

て選択できる
・会議には大きく「発散」の段階と「収束」の段階があり、目的によってそのバランスは異なる
・いい会議とは、発散段階でたくさんアイデアを出して、収束段階で思い切り絞り込むものである

Lesson-4

期待値管理……「やるべきことは『二つ』ある」

また一週間ぶりに、マサヤくんとりょうこさんが、ドクさんのところにやってきました。なにやらマサヤくん、今週はちょっと興奮気味です。

ドク「やあ、君か。今日はどうした？　今週は平日問い合わせのメールがこなかったから、『便りのないのはいい知らせ』だと思っていたんだが、今日のその顔を見ると何かあったと見えるな」

マサヤ「速いですね、一週間。『便りのないのは忙しい知らせ』でした。例の社内プロジェクトのいろいろな調査とか、打ち合わせとか、その結果の資料のまとめとかで毎日夜中までやっていたんです」

りょうこ「確かに先週は何度かいっしょに夜中まで打ち合わせしてたわね」

ドク「まあ若いうちは忙しいのはいいことだ。それで今日はどうした？」

マサヤ「もう、聞いてくださいよ。この一カ月はなんだったんだろうかって……」

ドク「何があったんだい？」

マサヤ「例のプロジェクトの件なんですけどね。ようやくある程度現状分析の結果がまとまってきたんで、アタラシ課長といっしょにプロジェクト責任者のジンナイ常務のところに簡単な報告に行ってきたんですよ」

ドク「その結果が思わしくなかったってことかな」
マサヤ「結果がどうのっていうレベルじゃないんですよ、これが」
ドク「もしかして、常務が前に言ってたことと違うことを言い出したんじゃないの？」
マサヤ「どうしてわかったんですか⁇」
ドク「ハハハ、やっぱりそうか。よくある話だからね。どんな違うことを言い出したの？」
マサヤ「うちでは大きく、二つのシステムを扱っているんですけどね。まずは片方だけから始めようっていうことでスタートしたプロジェクトを、『やっぱり両方やろう』なんて突然違うこと言い出して……なんで『偉い人』ってみんなああなんですかねえ？」
ドク「それは『偉い人』のせいじゃないよ。君が世の中の道理を理解していないだけだ」
マサヤ「どういうことですか？」
ドク「じゃあ、今日は『期待値管理』の話をしよう」
りょうこ「相手の期待をどうやってコントロールするかっていうことですね」

ドク「そうだ。とっても大事なことなのに、ほとんど体系的に語られてはいないからね」

りょうこ「そんなに大事なことだったんですか？　まあ、相手の期待を管理するっていうのが重要だっていうのはわかりますけどね」

ドク「およそ仕事っていうものは、誰かの依頼があって、それを遂行するっていうことだよね」

マサヤ「まあ、そういうことになりますね」

ドク「じゃあ、『いい仕事をする』ってどういうことだと思う？」

マサヤ「そりゃあ、レベルの高い結果を出すっていうことでしょうか」

ドク「じゃあ、『レベルが高い』ってどういうこと？」

マサヤ「普通の人がまねできないっていうことでしょうかね」

ドク「『普通の人がまねできない』ってどういうこと？」

マサヤ「ドクさん、いい年して子どもみたいな質問の仕方をしてきますね」

ドク「まあいいから、質問の答えは？」

マサヤ「『普通の人がまねできない』ってどういうことかですか？……うーん……」

ドク「ぐるぐる回ってきちゃった？」

マサヤ「そうですね。『いい仕事』って考えてみるとなんだか難しいですね」

りょうこ「『いいか悪いか』って結構相対的なものだったりしますよね。状況によって、同じようなことやってもいい仕事になることもあれば、それほどでもないこともあったりするし。時と場合にもよりますよね」

ドク「りょうこちゃん、いいところに気がついた。『時と場合による』ってどういうことだろう？」

りょうこ「もともと何が期待されてたかってことですかねえ……」

ドク「そのとおりだ。いい仕事かどうかっていうのは、もちろん絶対的な基準もあるが、ほとんどの場合はそれは相対的なものだ」

マサヤ「それは、何に対して相対的なものなんでしょうか」

りょうこ「それがその仕事をもともと頼んだ人の期待ってことになるんですよね」

ドク「そうそう。つまり、もともと何が期待されていたかで、それがいい仕事か悪い仕事かが決まるっていうことだね（図表9-1）」

りょうこ「考えてみると、この話って日常なんにでもあてはまる話ですよね。知り合いに勧められた温泉とかレストランに行ったときとかでも、すごくいいって言われて行ってみると期待はずれだったり、その逆もありますよね。それって必ずしも絶対的なレベルで決まるんじゃなくて、もとの期待値に左右される要因って大きいですよね」

マサヤ「そういえば、普段のお客様との商談でもよくあります。こちらは同じようなことをやっているつもりなのに、評価が高かったり低かったり……」

ドク「そうだね。なんにでもあてはめられると思うよ。ここまで言ってきたことを、問題解決ピラミッドにあてはめてみよう（図表9－2）」

（問題解決ピラミッドの図を描く）

図表9－1　満足度の方程式

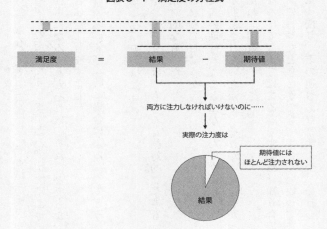

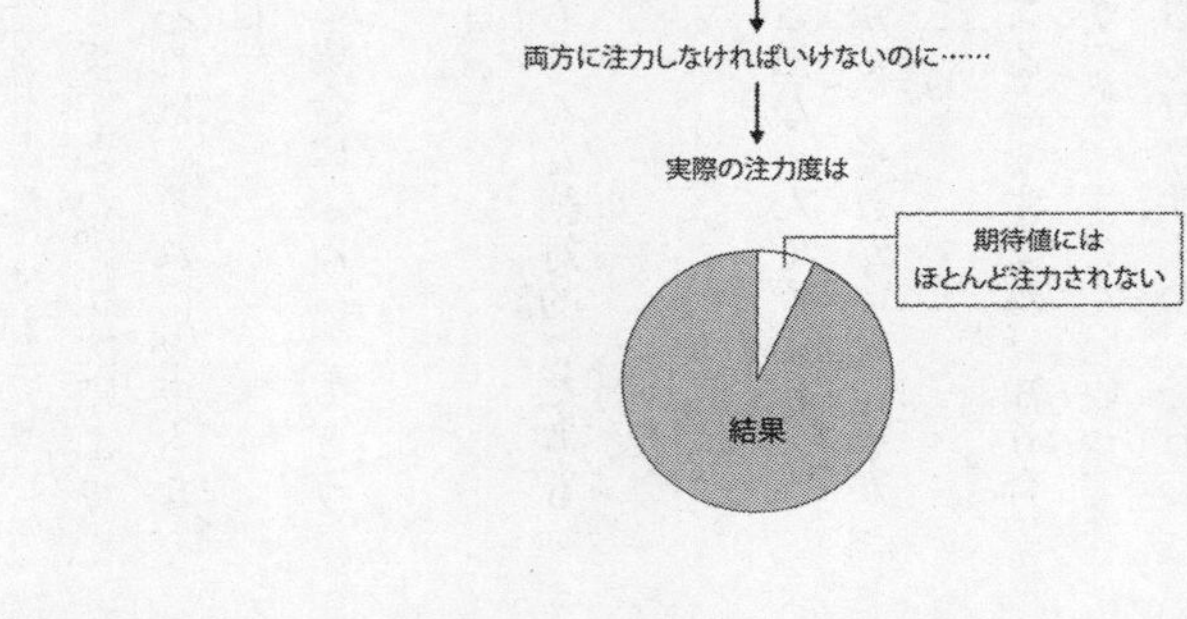

ドク「ここでのWhy、つまり最終目的は『顧客の満足度を最大化させる』ということにした。ここでの顧客はジンナイ常務だったっけ、要はプロジェクトの依頼者だ。プロジェクトであればなんのプロジェクトであれ、その最終的な『顧客』がいるはずで、その顧客の依頼に対して最大の満足を与えるというのが、ここでの問題解決の最終的な目指す姿であるはずだ」

マサヤ「確かにそうですね。最終目的はそう言い換えていいと思います」

ドク「このWhyを達成するためのWhat、つまりここでの『施策』というのに大きく二つの方向性があるというのはさっき話したとおりだ」

図表9−2　問題解決ピラミッドへの期待値管理の適用

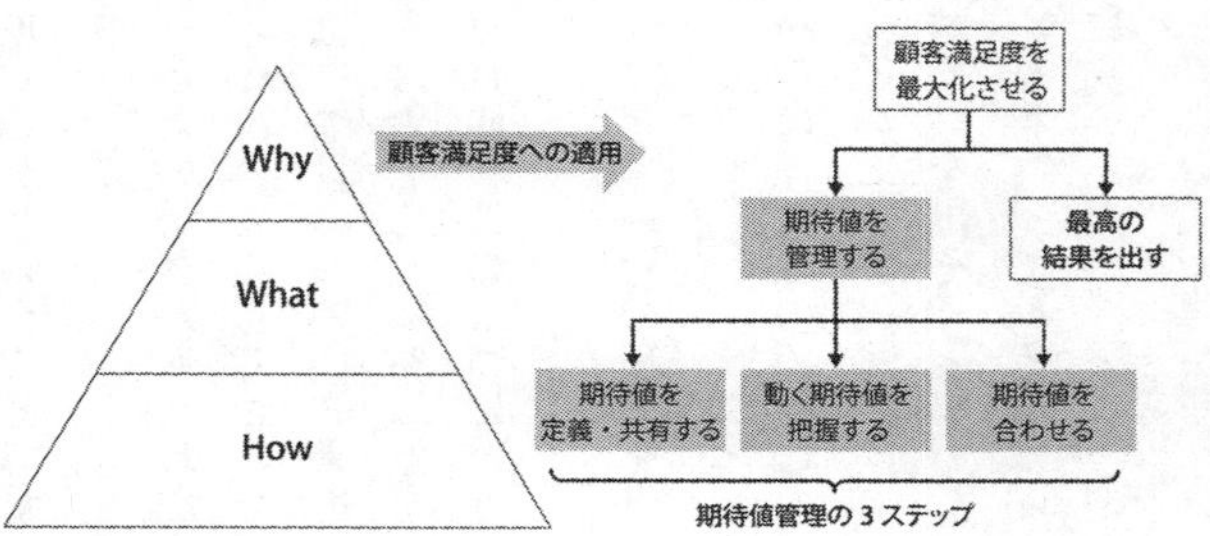

マサヤ「いい結果を出すか、依頼者の期待値をコントロールするかということですね」

ドク「そうだね。期待値のほうは、まあ下げるとまで言うと言い過ぎかもしれないので、それをうまく把握してコントロールするという言い方にしておいたけどね。この二つの方向性があるのに、実際に我々は一つ目の『いい結果を出す』ということだけに目を奪われがちだ。普通の人はおそらく90%以上を結果のほうに向けているだろう。例えば君はこの一カ月間、この二つにどういう時間を割いてきた?」

マサヤ「確かに振り返ってみると、90%どころか、99%の時間を『いい結果を出す』ほうにつぎ込んできたかもしれません」

ドク「たぶんそうだろうと思ったよ。特に君のような、一途に作業にのめりこんでしまうタイプは気をつけたほうがいいね。ところがその『いい結果』っていうのが曲者だ。期待値もろくに確認せずに『いい結果』を出そうと努力しているっていうのが非常に危なくて、実はその『いい結果』っていうのは、当事者が勝手に思い込んだものである可能性が非常に高いんだ」

マサヤ「思い当たるふしは多々あります……」

ドク「そうだろう。今だったら何を反省する？」

マサヤ「ボクには『期待値』っていう概念が正直まったくありませんでした。独りよがりにならずにジンナイ常務をはじめ、周りの人たちの期待値をきちんと確認してから仕事に取り掛かるべきだったと思います」

ドク「そこに気づいてもらえただけでも、今日話した成果は十分だったと思うよ。ついでに期待値についてもう少し話しておこう。肝に銘じておく期待値の三つの特徴がある」

マサヤ「きましたね。これもまた『三つ』ですか」

ドク「まず一つ目。期待値っていうのは、基本的に人によって思うことが違っていること。だから、複数の人がかかわる場面では、しつこいぐらいに認識合わせをしなきゃいけない」

マサヤ「確かにそれは経験的にわかります」

ドク「それから二つ目は時間とともに動いていくっていうことだ。だからそれを把握していかなければならない」

マサヤ「一度決めてもすぐに変わっていくっていうことですね。今回ボクが失敗した大きな原因がここにありそうです。最後の特徴はなんですか？」

ドク「しかもそれは常に拡大する方向にいくっていうことさ」

マサヤ「確かに、期待値ってふくらむ一方ですよね。勝手に期待値が小さくなったなんて話は聞いたことがないですね（図表9－3）」

ドク「途中で君も気づいたようだったが、これら三つの特徴はすべてリスクになるっていうことだ。だから、基本的に期待値管理に必要なポイントっていうのは、これら三つのリスクに対応していくっていうことなんだ。ある意味で『プロジェクト管理』っていうのも、突き詰めればこの期待値管理に尽きるといってもいい」

マサヤ「プロジェクト管理ですか……今回、社内とはいえ、一応『プロジェクト』を任された形になったんで、プロジェクト管理の本とかたくさん読んでみたんですけど、分厚い本をたくさん読んだわりにはいまひとつ消化しきれて……」

図表9－3　期待値の3大特徴

期待値の3大特徴

①人によって異なる
②時間とともに変化する
③しかもそれは「ふくらむ」

ドク「確かにいろいろと本を読んで勉強していたようだったよね。ところがこの『分厚い本』というのが曲者だ」

マサヤ「どう曲者なんですか？」

ドク「あまり本質を理解しないうちに情報量ばかり増えると、完全な『消化不良』に陥るからね。分厚い本を読み終わったら、あるいは読んでいる途中でも常に立ち止まって『これって要するに何を言っているんだろう？』って常に問い続けることが重要だよ」

マサヤ「これも『単純に考える』っていうことが重要になってくるわけですね」

ドク「そのとおりだ。そこで『単純に考える』ためのとっかかりとして、問題解決ピラミッドをあてはめて考えてみるのもいいと思うよ。『プロジェクト管理』っていうのも問題解決の一つだからね」

マサヤ「なるほど、結局プロジェクト管理もさっきの顧客満足度のピラミッドと構造は同じで、突き詰めれば『二つのこと』をやっているっていうことになりますね」

ドク「そのとおり。『期待値』を忘れがちっていう教訓もまったく同じだ。この基本的な構図を理解しないで、いくら『分厚い本』をたくさん読んでも時間の無駄だと思うよ」

マサヤ「わかりました。そういう目でもう一度いろいろな本を読み直してみます。ここまでで一応最初のピラミッドのWhatのレベルまではわかったんですが、Howのレベル、つまり具体的な期待値の管理方法っていうのはどうすればいいんですか？」

ドク「これには大きく三つのステップがあるのは、さっきのピラミッドの横に書いたとおりだ。一つ目が最初に期待値を関係者で明確に文書化し、共有しておくことだ」

マサヤ「ボクはこの最初の段階からつまずいていました。確かにはじめはジンナイ常務のところに行って話は聞きましたが、それをいわば勝手に解釈して進めてしまっていたかもしれません。考えたら、そのときの期待値とか、きちんと文書にまとめてもいませんでした」

ドク「まずはそこからやり直しかな。まあ、そこが一番重要なので、これからも何か始めるときには気をつけたほうがいいね。いわゆる『ボタンのかけ違い』ってやつにならないように」

マサヤ「反省しきりです……」

ドク「ここでは、第一ステップがクリアされたとしよう。次の大事なポイントは、どうやってそれを『動的に』管理するかだ」

りょうこ「期待値の時間的な変化にどうやって対応するかっていうことですね」

マサヤ「つまり言い換えると、期待値の二、三番目の特徴の、『時間とともに動いて、しかも拡大する』っていうことにいかに手を打つかっていうことですね」

ドク「そのとおりだ。意外にこの特徴は忘れられがちだ。よく聞くせりふは、『初めにそう決めたじゃないですか』とか、『あのとき○○って言いましたよね』っていうやつだ。これはある意味正論で、状況的に理解できなくはないが、極めて官僚的で、本来の目的を忘れた発言だね」

マサヤ「確かにこういうせりふってよく聞きますね。どこが問題なんでしょうか？」

ドク「問題解決ピラミッドで考えてみようか。これらのせりふはいずれにしてもWhatのレベルで考えているから出てくる発言だ。最初に決められたことに対しての最高の結果を出すということにとらわれてしまって、本来のWhat、つまり最終的な依頼者の満足度を最大化するっていう目的を忘れてしまっている。だからこういう話になってしまうんだ。もう一度思い出してみよう。

『期待値は時間とともに変化する』んだ。もちろん大規模なプロジェクトなんかで、むやみやたらに期待値が変わっても対応できないものもあるから程度問題ではあるが、市場環境などの周囲の環境だって常に変化するから、それに対応することを初めからある程度盛り込んでおく必要はあるね」

マサヤ「だから、動的に管理する必要があるわけですね」

ドク「そのとおりだ。そこでは常に多頻度のコミュニケーションが重要になってくる」

マサヤ「回数を多くするっていうことですね。これがボクにはできていませんでした。今から思えば、まるまる一カ月間報告できていなかったっていうことが『敗因』ですね」

ドク「すぐに自分で反省して『敗因』まで見つけたところは大したもんだ」

マサヤ「ほめられてるんだか、けなされてるんだか……」

ドク「いや、純粋にほめてるんだよ。普通はここまで言っても自分のどこが悪かったんだか気づかない人のほうが多いからね。では具体的にどうして報告回数を多くできなかったんだと思う？」

マサヤ「なんだかんだと忙しかったってのが一番ですね」

目的地を確認しないで電車に乗ると……

ドク「でも結局君はその『忙しさ』によって、やらずもがなの別の『忙しさ』を作ってしまったことになるね。本当に君は忙しかったんだろうか」

マサヤ「今考えれば仕事の優先順位がわかっていなかったんですね。そもそも期待値も確認しないで着手してたんですから」

ドク「大事な点に気づいたね。電車に駆け込み乗車してくる人はみんな一分を争って『忙しい』人だよね。君のやってたことっていうのは、『あまりに忙しくて行き先も確認しないで電車に飛び乗っちゃった』っていう状態といっしょだよ」

りょうこ「確かにどんなに忙しくたって、行き先を確認する前に電車に飛び乗ったりはしませんよね」
ドク「でも、実際の仕事の場面になるといっぱいいるんだよね。行き先も確認しないで電車に飛び乗って、しばらく平気な顔をしている人が……何駅か通過してから『あれ、どこ行くんだっけ?』なんて言い出してね。気づいたときには反対向きの電車に乗り直して結局大遅刻になったりしているんだよね」
マサヤ「ちょっとたとえが極端ですけど、わかります。そういう人よくいる……っていうか、自分でもそれよくやります」
ドク「とにかく、期待値、つまり目的を確認しないで着手したことが第一だね。結局これも問題解決ピラミッドの大事な部分を忘れて下の部分に取り掛かってしまったことになるね。ほかに報告の回数を増やせなかったことについて思い当たること何かある?」
マサヤ「『もうちょっと形になってから報告しよう』って思っている間に時間がどんどん経ってしまいました」
ドク「典型的な『負けギャンブル症候群』だね」
マサヤ「何ですか? その『負けギャンブル症候群』って⁉」
ドク「『今はまだタイミングが悪いから、もうちょっとよくなってから○○しよう』っていう考え方のことさ。上司への報告が遅れる原因の大きなものの一つがこれだ。『もうちょっと結果を整えてから報告しよう』とか、『まだ報告できるレベルじゃないから、もう少し精度を上げてから報告しよう』っていうのが典型的な症状だ」

マサヤ「忙しかったときのボクがまさにそういう精神状態でした。でも最後まで報告できなかったことは悪いとして、一応ちゃんとした状態で報告しようっていう姿勢はダメなんですか？」

ドク「ほら、まだ君は学んでいないね。『ちゃんとした状態』って誰にとって『ちゃんとした状態』だい？」

マサヤ「わかりました。これも独りよがりだってことですね」

ドク「そのとおりだ。どうせ未完成の途中で報告するんだから、無理に独りよがりの体裁なんか整える必要はないんだよ。いってみれば、短いサイクルで『ガス抜き』をするみたいなもんだから」

マサヤ「『ガス抜き』ですか⁇」

ドク「そう。期待値は常にずれていく。そのずれは時間とともにだんだんたまっていくわけだ。こんなふうにね（図表9－4）」

（図を描く）

ドク「この図でいう直角三角形の部分が、両者の期待値のずれの累積みたいなもんだ」

マサヤ「つまり、認識ギャップのガスの体積みたいなものですね」

ドク「そのとおり。この絵のように、時間が二倍になればガスは四倍になる。だから、サイクルを二回に増やして、二回分のガスを抜いても合計すれば、半分で済むっていうことになる」

マサヤ「わかりました。要は『こんなの違う！』って怒られる量が半分になるっていうことですね」

ドク「ところが実際にはこれが悪い方

図表９−４　「ガス」は時間の二乗に比例してたまっていく

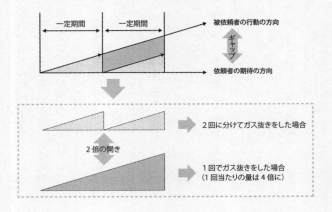

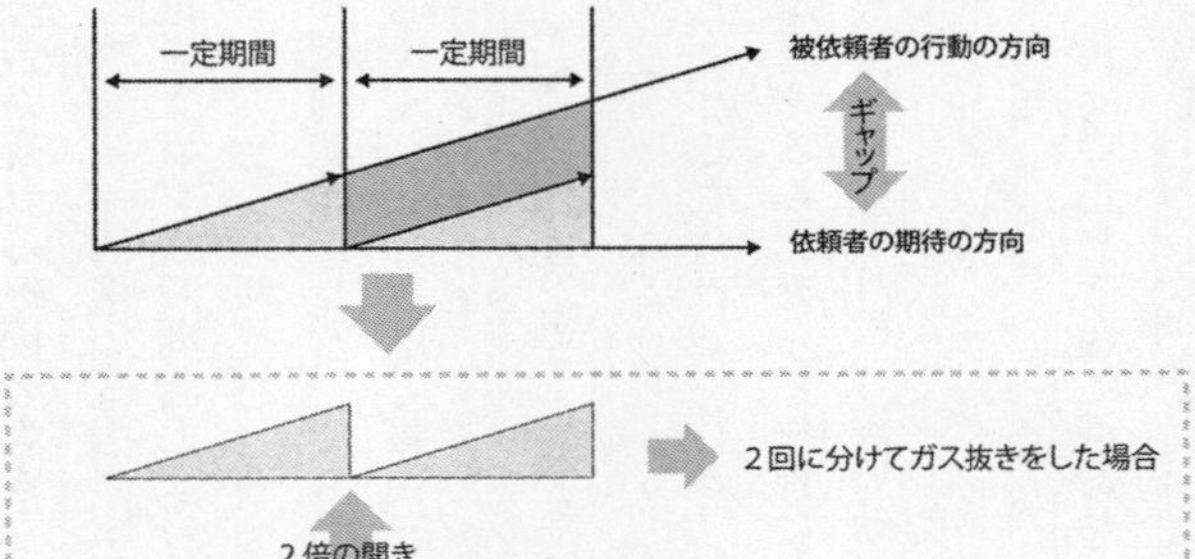

向のスパイラルに入ってしまう。こんなふうにね（図表9－5）」

（悪のサイクルの図を描く）

りょうこ「なるほど。報告しづらくてぐずぐずしている間に、期待値との差がどんどん広がって、そうこうしているうちに仕方なく報告すると、ガスがたまっているから一気に怒られて、さらに報告しづらくなる……っていう負のスパイラルですね」

ドク「コミュニケーションの悪いところで典型的に起きる症状だね。だから、『もう少ししてから報告します』なんていう言葉が出てきたら要注意だよ。当人は『体裁を整えてから』とか、『来週の○○会議が終わってから』とか言っている。これがギャンブルで負けが込んだ人の心理

図表9－5　「負けギャンブル症候群」の負のスパイラル

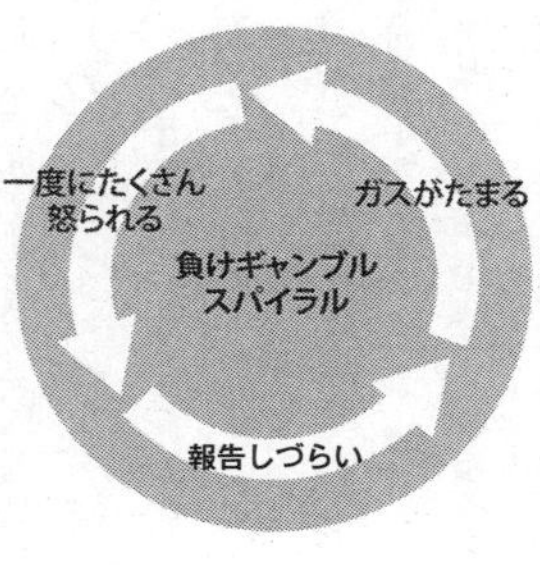

ガス抜きをしないと……

といっしょなんだ。もうやめておけばいいのに、『あと一回やって少し立て直してから終わる』なんて言って続けているうちにさらに負けが込んでくるんだ。あと一回やると結果がよくなると本人は大まじめで思っているが、はたから見たら、今まで負けまくっているのが回復するはずがないんだけどね。この言い訳ぶりもそっくりだから『負けギャンブル症候群』だ」

マサヤ「それってドクさんの競馬経験からきたものですか?」

ドク「それもないことはないが、ほかのギャンブルの話を聞いてもまったくいっしょだよ。とにかく最大のやめどきは『今』しかないんだ。報告もいっしょだ。特に部下が完ぺき主義だったり、上司が怖い人だったりするとこのパターンに陥ることが多いね」

マサヤ「両方そろったら最強コンビってことですね。いますよ、うちの部でもそのコンビが」

ドク「『小刻みに何度も小さく怒られる』ほうがどう考えても得策だっていうのはさっき図で示したとおりだけど、なかなかそうはいかないのが複雑な人間心理だね」

マサヤ「自分がその負のスパイラルに陥らないように、これからはよく気をつけます」

ドク「『負けギャンブル症候群』の説明に時間がかかったが、これが期待値のギャップがふくらんでいってしまうメカニズムだ。これで二ステップ目と三ステップ目をいっしょに説明したことになるから、期待値管理の実際のやり方は以上だ」

りょうこ「今思ったんですけど、さっきのギャップの絵って、二つの線の角度の開きっていうのが場合によって違うなあって。例えばごく親しい人との間っておいのことがよくわかっていてギャップの角度が小さいから、わりと長く時間が経ってもガスがたまらないけど、逆に初対面の人とか、違う部署とか違う会社の人だと、お互いの手の内がわからないからギャップの角度が大きくなりますね」

ドク「そのとおりだよ。つまりこの『ガスがたまりやすい』状況では期待値管理が特に重要になるっていうことさ。具体的にいうとこんな場面になるかな（図表9－6）」

りょうこ「そうそう、この一番下の『「売ってから作る」受注型商品』ってまさにうちの会社がやっているようなシステムインテグレーションみたいな仕事でしょ。なるほど、だからこのビジネスってお客様とできたあとにもめたりすることが多いのね」

マサヤ「おまけに、『対象物が見えにくく』てプロジェクトによっては『期間が長い』っていう、期待値管理が必要な要素がたくさんそろっていますね」

ドク「そのとおりだね。これらはすべて『リスクが高い』という言い方でも言い換えられるね。さらにもう一つ言おうか。このビジネスっていうのは、『期待値を設定する人』と『実際に現実化する人』が別だっていう根本的な要素もあるんだ」

図表9-6　期待値が必要となる場面の例

必要な場面	具体例	なぜか？	どうすればよいか？
関与する人数が多いプロジェクト	大規模プロジェクト	関係者間で期待値が異なる	可視化する ドキュメント化する 短サイクルで確認する
期間が長いプロジェクト	長期間のプロジェクト（システム、建設など）	期待値が動きやすい	短サイクルで確認する
対象物が見えにくい	ソフトウェア 通販	目に見えにくいので、期待のギャップが発生しやすい	極力可視化する
価値観や立場の違う人同士でのコミュニケーション	上司と部下 男性と女性 年配者と若者 初対面同士	「ベクトル間の角度が大きい」	初めの期待値を明確にする 短サイクルで確認する
コミュニケーションが困難な状況	言語的障害がある 地理的障害がある	期待値を合わせにくい	多様なコミュニケーション手段で期待値を合わせる
「売ってから作る」受注型商品の場合	システムインテグレーション	売るときの「営業トーク」で期待値がふくらむ	作る側が十分に期待値を確認したうえで売る

マサヤ「『営業』と『開発』っていうことですね！　なるほど、だからその部門の人たちがもめているっていう話をよく聞くんだ」

りょうこ「営業の人たちっていうのは、ある意味で『期待値を上げる』のが仕事ですからね」

ドク「そうだね。場合によってはそれをやらなきゃ仕事がとれない場合だってあるからね」

マサヤ「でもそれである意味『割を食う』のが開発の人たちってことですか。なるほど、こう考えたらよく見る光景がすごく納得できます。それから、考えたらこの期待値管理の話ってほかにもいろいろなものに適用できますよね。上司と部下との関係もそうだし、彼女とつきあうときにも……」

ドク「どうも痛い目にあった経験があると見えるね」

マサヤ「ええ、まあ……」

ドク「まあ、深くは追及しないけどね。いずれにしてもこれは例によって『問題解決』すべてに適用できるから、『依頼者側の満足度を上げるためには？』というお題に対してはどんな場面にも使えるということだ。さらにこれを一般化すると、まだまだ応用範囲を広げることができる」

マサヤ「まだ広げられるんですか？　例えばどういうふうに応用できるんですか？」

ドク「まず『満足度』というのは基本的に期待値より実際のほうが高い場合で、実際の結果のほうが期待値より低い場合には『不満度』ってことになるね」

マサヤ「満足度がマイナスっていうことですね」

ドク「そういうことになるね。それから、これまでは基本的に人と人との間の関係を考えていたけど、これを個人の話に一般化してみる」

マサヤ「不満度への応用も含めて、二つの観点から一般化するっていうことですね」

ドク「そうだ。そうすると、これは『個人のストレス管理』にも応用できるんだ」

マサヤ「ストレス管理にまでですか⁇」

ドク「そうそう、こんな具合にね（図表9－7）」

（ストレス管理の図を描き始める）

マサヤ「なるほど、ストレスは現実と期待値のギャップだっていうのは、言われてみるとそのとおりかもしれませんね。こう描くと確かにさっきの期待値管理の公式と同じ構図ですね」

ドク「そうすると、ストレスを下げるためにできることは二つで、『現実を改善するか』『期待値を下げるか』だ」

マサヤ「でも、実際には現実を改善するって難しいですよね」

ドク「そのとおりだ。でも実際には現実、そのなかでも他人や環境を変えようとして、それが変わらないことでストレスを抱えてしまっている人が多い。むしろ自分でコントロールできるのは、期待値を下げるっていうほうだ」

りょうこ「こういう『公式』で表現すると、ストレスが高い人がどういう人かっていうのも説明できますね。必ずしも現実がうまくいっていない人だけじゃなくて、期待値が高い、つまりいろいろな意味で『理想が高い人』っていうこと

図表9-7　期待値管理の「ストレス管理」への応用

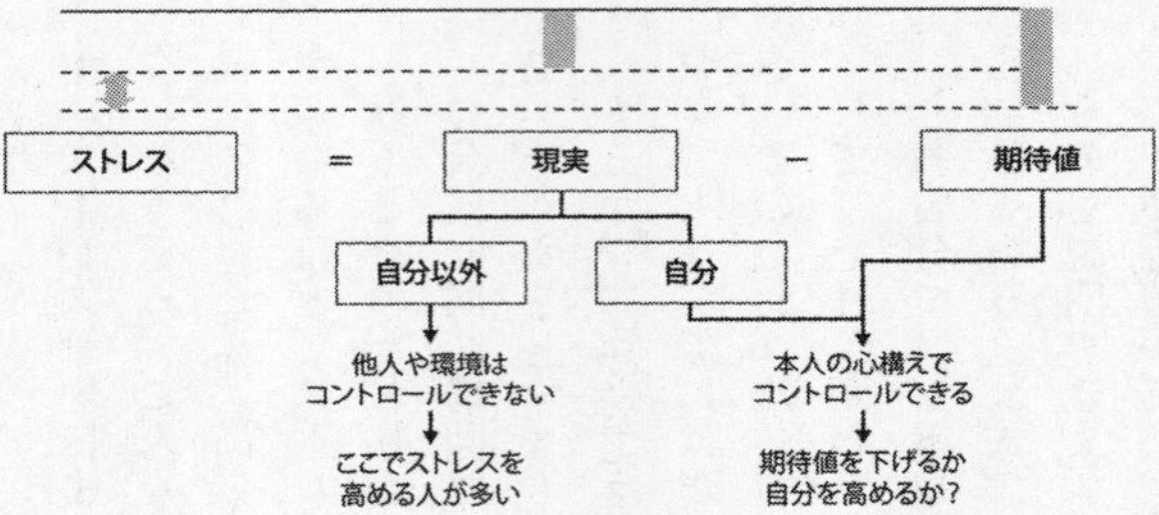

でしょうか。例えば完ぺき主義者ですね」

ド　ク「そのとおりだね。ここでもう一つ気をつけてほしいのが、『自分』っていう箱への矢印だ。ストレスを下げるためには自分を高めることっていう要因もある。つまりストレスはポジティブに使えば自分をより高めるための原動力にもなるってことだね」

りょうこ「それってモチベーションっていうことですよね。確かに、自分が思うようにできないからがんばろうって思うこと多いですよね」

マサヤ「それが悪いほうに行くとストレスになっちゃうってことですね」

ド　ク「まあ、この話っていうのは、理屈でいうのは簡単だが、心の問題だから実践するのはとっても難しいけどね」

マサヤ「確かにそれもそうかもしれませんが、ボクの頭のなかでは、今までのモヤモヤがずいぶんとすっきりした気がします。しかも『期待値管理の3ステップ』がそのまま応用可能っていうことですよね。日常生活への実践にも生かしてみようと思います」

まとめ

・問題解決の依頼者の最終的な満足度を上げるためには、「最高の結果を出す」ことのほかに「期待値管理」が重要である

・期待値は、①人によって異なり、②時間とともに変化し、③拡大する方向に動く

・期待値管理のステップは、①初めの依頼者の期待値を明文化しておく、②短いサイクルで期待値を確認する、③必要に応じて最初の期待値を修正するの3ス

テップである

・期待値管理の考え方は一般化でき、例えば個人のストレス管理にも応用できる

Lesson-5

解決策提示……「今こそ一度『押し返す』とき」

期待値の調節もアタラシ課長にも協力してもらってなんとか乗り切り、中間報告も無事に終わって、マサヤくんのプロジェクトも後半に突入しました。五週目を迎えて、いよいよ解決策の提案をする段階に入ったようです。今週もいつものコンビがドクさんを訪ねています。

マサヤ・りょうこ「ドクさん、こんにちは」
ドク「かなり忙しそうだね。体調は崩してない？」
マサヤ「ありがとうございます。まあ、健康だけが取りえみたいなもんですから、それはだいじょうぶです」
ドク「それはよかった。そろそろプロジェクトも後半に入ってくるころだったよね」
マサヤ「そうなんですよ。そろそろ最終的にどんな解決策を提案するかっていう段階に入ってきて、自分なりにいろいろと考えているところなんで、今回はそのあたりを相談したかったんです」
ドク「いよいよ大事なところに入ってきたね。初めの仮説の検証は進んでる？」
マサヤ「おかげさまで、仮説を立てるところでドクさんに相談に乗ってもらったんで、そのあとがかなりスムーズに進みました。あの段階でやみくもに進めていたらどうなっていたかって考えると、ゾッとしますけどね」

ドク「それはよかった。でもあまり初めの仮説にこだわらずに、そのあとの情報収集やデータ分析によって方向性を柔軟に変えていくっていうことも重要だよ。そのあとはどんな分析をしたのかな」

マサヤ「あくまでも最終目的が重要っていう観点を忘れずに、関係者への課題インタビューと、現状工数のアンケート調査などを行うのと、現状の世の中の事例調査などを実施しました。その結果、当初の仮説はやはりだいたい合っていそうだっていうことになりました。でもそう考えれば考えるほど、一つ違和感が出てきてしまったんです」

ドク「なんだい、それは？」

マサヤ「当初、我々のプロジェクトチームに与えられた課題っていうのは、『新システムを導入するために必要なことを考える』っていうテーマだったんですけども、先に進めば進むほど、まず初めにやるべきことは『新システムの導入』ではないっていう結論になりそうなんですよね」

りょうこ「チーム内でディスカッションした結果もそういう方向性なんですよ」

ドク「それは私も同感だね。例の仮説のディスカッションのときにそう思ったよ」

マサヤ「やっぱりそうですか？　でもそのことをどう整理して、報告しようかっていうのに迷ってしまっているんですよ」

ドク「今こそ、一度『押し返す』ときだよ」

マサヤ「あの問題解決の基本編のときに教えてもらったことですか？」

ドク「そのとおり。あれはどういう話だったか覚えてる？」

マサヤ「あれは確か、問題解決ピラミッドのWhy/What/Howを横にして、問題解決の依頼者から解決者へのリレーって考えるっていうことでしたよね」

ドク「そうそう。こんなふうにね（図表10－1）」

（リレーの図を簡単に描く）

マサヤ「だいぶ詳細も思い出してきました。バトンをどこで渡すかっていうのがポイントだったんですよね」

ドク「そうそう。上流で受け取れるほどレベルの高い解決者っ

図表10−1　「依頼者」と「解決者」の関係イメージ

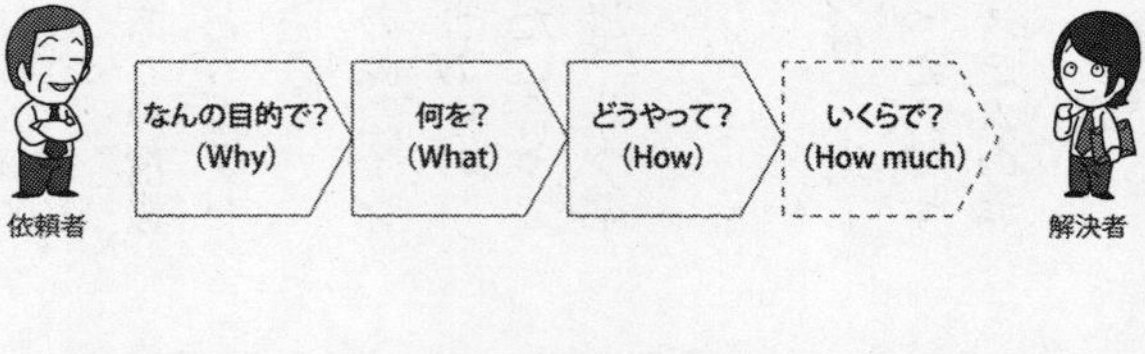

ていうことだったのは覚えてる？」

マサヤ「ええ、覚えています。それで『押し返す』っていうのも、一度下流で受け取ったバトンを、本来の依頼者の意図に従って上流にさかのぼって、さらにいい解決策を考えるっていうことでしたよね」

ドク「そのとおりだ。それがまさに今、君に必要なことだよ」

マサヤ「なるほど、そう考えればいいわけですね。ここでの『依頼者』はジンナイ常務で、『解決者』がボクを含めたプロジェクトチームっていうことになる」

ドク「そうそう。そう考えると、君は最初のバトンをどこで受け取ったことになる？」

マサヤ「えーと……、ああそうか、ボクが受け取ったのは、Whatのレベルだったってことになります。『新システムを導入したい』っていうことでしたから。そこで求められていたのは、それを具体的にどんなふうに実現するか、つまりHowに落とすことだったと思います」

ドク「じゃあ、その時点でのジンナイ常務の真の目的っていうのはなんだったんだろう？」

マサヤ「確かにそれは深く考えていませんでした。プロジェクトの目的を新システムの最適の導入方法を検討するっていうことに置いていましたから」
ドク「でも実は真の目的ではなかったのではないかな」
りょうこ「確かにシステムっていうのは、何かを実現するための手段でしかないですからね」
ドク「そう考えると、言葉に表れていなかった真の目的っていうのはなんだったんだろう?」
マサヤ「システムで実現しなきゃいけなかったことっていうのは……ボクたちがやっているような、お客様への提案書の作成作業をいかに効率的にできるようになるかっていうことですかね」
ドク「そういうことになるだろう。なんでそれは表に出てこなかったんだと思う?」
マサヤ「おそらくジンナイ常務の頭のなかでは、普段現場の担当と話していてそういう問題意識が常にあったんだと思います。そういう状況で、新しいシステムのデモを見て『これだ』っていうふうに思ったんでしょう」
ドク「たぶん、そういうことだろうね。これはとってもよくあることなんだ。今回のような話にかぎらずに、問題解決一般における『依頼者』『解決者』の関係においてね」
マサヤ「ということは、ボクが日常やっていたようなお客様への提案のときにも起きていたっていうことになりますね」
ドク「気がついた？　そのとおりだよ。でもこれまでに実際の提案活動をしていてそういうことに気づいたことってあった？」
マサヤ「恥ずかしながら、あまりありませんでした。今までは、バトンを受けたら、そのまま下流に向けて走り出していたような気がします」
ドク「これは君だけじゃない。『お客様』と営業マンなどの『解決者』の間で起きているありとあらゆる商談活動はこの構図が成り立つからね。もっと言えば、これは問題解決のすべてだから、上司と部下でもいっしょだっていうのは、この前話したとおりだ」
マサヤ「こういう実際の場面で経験してみて、やっと本当の意味で理解できたような気がします」
ドク「ではまた、今回の話に戻ろうか。『押し返す』っていうのは実際にはどういうことになる？」
マサヤ「こんな感じですかねえ……（図表10－2）」

図表10-2 「押し返す」イメージ①

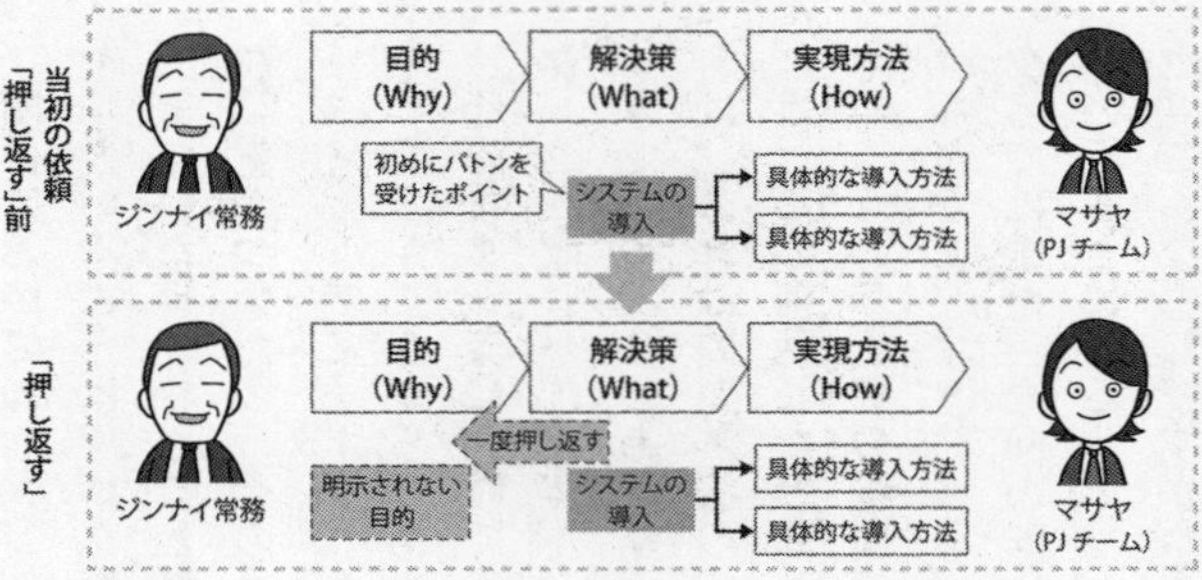

（さっきの図に追加で表現する）

マサヤ「まず上の図が、ボクが初めに依頼を受けたときの状況です。Whatの時点でバトンを受け取って、それを実現するためのHowを考えるのがミッションだという理解でした」

ドク「まあ、それはその時点においては依頼者と解決者の共通認識としては間違っていないよね」

マサヤ「そうですね。ただボクがその時点でやっておくべきだったのは、その時点で依頼者であるジンナイ常務の『Why』をきちんと言葉にして確認することでした」

ドク「そのとおりだ。ところがこれはほとんどの状況でできていないことが多い。まさに『Why なき What 病』ってことだよ」

マサヤ「その時点では意識していませんでした。いつもドクさんが言っているように、一番大事なのは最終目的であり、Why であるっていうことですよね」

ドク「先週、中間報告があったって言ってたよね。そこではどういう話になってるの?」

りょうこ「ドクさんが以前に書いてくれた、人・組織、業務プロセス、システムっていう広めの視点での課題を抽出しておいて、その検証結果をまとめて話しました」

ドク「それで、結局どのへんが課題だっていうことになりそうだった?」

マサヤ「初めの仮説のところで相談したように、システムだけじゃなくて業務プロセスとか、あとは専任で管理する人や担当部署がないこと、それからやった人が報われる仕組みがないことだっていうのが『太い線』のところでした」

ドク「よしよし。それならまだ手遅れじゃないな。まあ、今の時点でそれに気づいたのは、遅かったがある意味ではぎりぎり間に合ったっていうことになるね。そう考えると、さっきの構図っていうのはどう変更する?」

マサヤ「まさに『押し返す』っていう状況です。一度 Why のレベルを再定義しま

『押し返』して別の道をたどると宝物に出合うかも

す。それからそれを実現するためにやるべきこと、つまりWhatを考えてみると……確かにこれはさっきりょうこさんが言った、仮説を立てるときにドクさんに教えてもらった分類に従えば、システム、業務プロセス、人・組織という大きな三つの方向性分だけありますね。大きな方向性としては、システムで実現するっていう当初の方向性のほかに、仕事の手順、つまりプロセスを変えるとか、人の配置を変えるとか、組織や人事評価の指標を変えるとか、っていうことになりますね」

ドク「あるいは、それらの組み合わせっていうことだよね。そこまで選択肢が出てきたら、このツリー構造で次に考えることはなんだったっけ？」

マサヤ「本来の目的に照らし合わせて、『どの線が太いか』を考えることでした」

ドク「そうだよね。そこに今までの分析が生きてくる」

マサヤ「だんだん頭のなかのモヤモヤがすっきりしてきました。この線の太さが必ずしも『システム』のほうに向いていないっていうことが、ボクの違和感のおおもとにあったんですね」

ドク「実際に線が太そうなのはどのへんになりそう?」

マサヤ「今回の調査結果によると、役に立つデータをためる仕組みをいかにうまく作るかということでした。そのためにはポイントが二つあって、データがたまる動機づけを作ることと、きちんとデータを精査したうえでレベルを向上させるための担当者を置いてプロセスを回すことです。そういう意味で、『プロセスの定義』と『人・組織』、特に『人・組織』ということになりますね」

ドク「それをこのプロセス図にマップするとどんなふうになる?」

マサヤ「こんな感じでしょうかね（図表10－3）」

（全部マップした図が出来上がる）

マサヤ「なるほど、頭のなかが整理できました」

ドク「あとはさらに詳細化するために、この図を右の方向に展開して具体化していけばいいことになるね」

マサヤ「わかりました。次の方向性もはっきりしました。これで報告書のほうもまとめていこうと思います。ありがとうございました！」

図表10-3　「押し返す」イメージ②

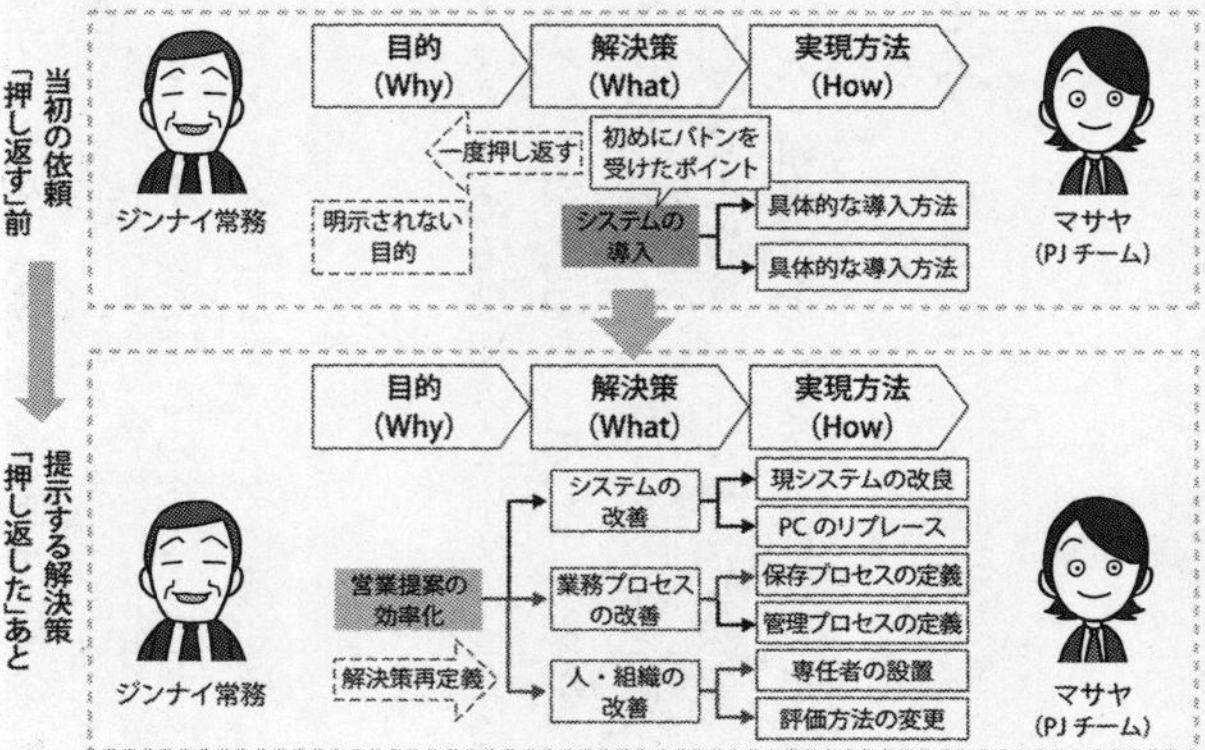

まとめ

・依頼者が直接提示してきた解決策（What）が「しっくりこない」ときには、依頼者の真の意図（Why）を考えてみる（押し返す）
・その結果として、真の意図（Why）に対しての最も適切な解決策（What）を改めて考えてみる
・その場合の最適な解決策は、当初依頼者が提示してきた解決手段とは往々にして異なっている

Lesson-6

コミュニケーション
……「『何も伝わっていない』を前提とせよ」

プロジェクトは六週目に入りました。先週相談した、将来像をどうするかでディスカッションしながらも、マサヤくんは通常の仕事も継続してやっています。

今週もドクさんを訪ねたりょうこさんとマサヤくんの二人ですが、マサヤくんのほうが今日はちょっとイライラしています。

ドク「やあ、どうした？」
マサヤ「どうしたもこうしたも……もうなんか腹の虫が治まらなくて」
ドク「仕事で何かあったんだね」
マサヤ「（怒りを表情に出しながら）なんでああもわからない人がいるんですかねえ……久々に仕事で声を荒らげちゃいましたよ」
ドク「まあ落ち着いて。話を聞こうじゃないか」
りょうこ「今日はプロジェクトの話じゃなくて、普段の仕事のほうの話なんですよ」
マサヤ「そうなんですよ。半年ぐらい前からおつきあいしているソフトハウスの担当者の人のことなんですけどね」
ドク「なるほど。どんな人？」

マサヤ「二〇代後半ぐらいの男性で、うちの仕事の窓口をやってもらっている人なんですけどね」

ドク「それで、その人がどうしたの？」

マサヤ「その人、まあ仮にAさんとしておきましょうか。ボクが何十回同じこと言っても、ちゃんとやってくれないんですよ」

ドク「具体的に言うと？」

マサヤ「その人に毎週、うちの会社との活動をまとめた週報を書いて出してもらうことになっているんですけどね」

ドク「よくあるよね、そういうの」

マサヤ「わかりますよね、なんとなくイメージは。その週報がとにかくわかりにくいんで、わかりやすく書いてくれっていう話をこの三カ月、それこそ数えきれないぐらい何度もしているのに、昨日出てきたレポートったら、あまりにひどくて話にならないんですよ」

ドク「それで君はキレたってわけか」

マサヤ「何度も言わせるにもほどがありますね。本当に腹立つ。あの人、ボクが言ったときは、いつも『はい、わかりました』なんて調子のいいこと言うんだけど、また次の週になったら同じようにレベルの低いレポートが送られてくるんですよ」
ドク「そいつは困ったもんだね」
マサヤ「そういう場合、どうすればいいんでしょうか?」
ドク「どうすればいいと思う?」
マサヤ「それがわかったら、二時間もかけてこんなところまで来ませんよ」
ドク「おいおい、『こんなところ』は余計だろ。君に考えられることは全部やりつくしたっていうんだね」
マサヤ「毎週同じことをメールして、会うたびに何度も同じことを言って、毎回添削して返して……これの繰り返しですからね。時間だってバカにならないし、ほとほと疲れましたよ。いったいあの人の思考回路はどうなっているんだか、頭をかち割って見られるもんなら見てみたいですよ、まったく」
ドク「君はそれを一〇〇%相手の責任だと思うかい?」
マサヤ「当たり前じゃないですか!! この状況でボクのほうに落ち度があるなんて言う人が世の中に一人でもいたらお目にかかってみたいですよ」
ドク「一人いるよ、今、君の目の前に」

マサヤ「ドクさん、ボクはいま本気で怒ってるんだから冗談やめてくださいよ」

ドク「はっきり言うけど、それは君にも十分落ち度がある」

マサヤ「それはドクさんが現場を見ていないからですよ。なんなら今度その現場を録音してきましょうか？　あ、そうだ。パソコンに今まで毎週何度も送ってきたメールがあるからそれを見せますよ」

（マサヤは持ってきたノートPCを開いて、これまでAさんに送ったメールをすべてドクさんに見てもらった）

ドク「やっぱり思ったとおりだった」

マサヤ「どういうことですか？」

ドク「君がはまった落とし穴が二つある」

マサヤ「なんですか、それ？」

ドク「まず一つ目。君は一度送ったメールを『転送』でコピーして、『本件徹底してください』って判で押したように同じメールを毎週送ってるだけじゃないか。これじゃ、壊れたテープレコーダー……いや、この表現は君にはちょっと古いな……ともかく、何も芸がないじゃないか」

マサヤ「だってこんな簡単なことですよ」

ドク「ふーん」

マサヤ「真面目に答えてくださいよ」

ドク「ふーん」

マサヤ「だからぁ！」

ドク「ふーん」

マサヤ「……」

ドク「ハハハ、悪い悪い。ちょっと君のまねをしてみただけだ」

マサヤ「それが一つ目の落とし穴ですね」

ドク「そう。君には一度伝わっていないことに対してなんの工夫もなく、ただひたすら同じ方法で同じことを伝えた『つもり』になっていただけだ。伝え方なんてほかにもたくさんある。例えば図解する、早めに先手を打って『来週はこんな観点を加えてみてください』、具体的に指示するとかだ。『わかりやすく』なんて言葉、言うのは簡単だけど、なかなかこちらの意図どおりに簡単には伝わらないよ。誰だって自分では『わかりやすく』しているつもりなんだからね」

マサヤ「でも、例えばこの文章、見てくださいよ。これをわかりやすいって思う人の気がしれませんよ」

ドク「君は少しでも『できない人』の気持ちを考えてみたことがあるかい？」

マサヤ「えっ⁉」（マサヤの顔から血の気が引くのがわかる）

ドク「君はここに来たときには私にいつもボロクソ言われているが、きっと会社の同期のなかでは一目置かれる『できる人』なんだろう。そういう『中途半端にできる人』の陥りやすい落とし穴がこれだ。相手だって悪気があって毎回同じ誤りを犯しているわけじゃない。君の伝えたい大事な何かが伝わっていないからそうなるんだよ。なぜそれが伝わらないのか、相手の立場で徹底的に考えること、伝わらないのを相手のせいにしないで、相手に合わせてありとあらゆるコミュニケーション手段にトライすること、やり方を工夫することが重要なんだよ。そもそもビジネスっていうものだって、突き詰めれば『できる人ができない人を助ける』ことで成り立っているものだろう」

りょうこ「確かに私だって、自分で野菜や魚が作れないからスーパーで買ってくるわけだし、テレビも自分で作れないからディスカウントストアで買ってくるわけだし……」

ドク「そうそう。誰にだってできることとできないことがあるんだから、できる分野で貢献してできないところを補ってもらうっていうのが基本だよね。だから、『できない人の気持ち』がわからないかぎり、ビジネスなんてできないよ。コミュニケーションだっておんなじだ」

マサヤ「わかりました……それが一つ目の落とし穴ですね。二つ目っていうのはなんですか？」

ドク「君はどうしたかったんだい？」

マサヤ「だから何度も言ってるじゃないですか。週報の書き方を変えさせたいんですよ」

ドク「また『何度も』か。君は何も学んでないな。それが典型的な『伝わらないのを相手のせいにする人』の口癖だ。さっきから何回『何度も』を使ったか覚えてるかい？」

マサヤ「……」

ドク「二つ目の落とし穴にいこう。君のメールは三回目ぐらいからはもはや目的が変わってしまってるよ。君は同じメッセージを繰り返すだけでその目的が果たせると本当に心の底から思っていたのかい？　どう考えてもこの文面は『自分の正しさを証明すること』か『自尊心を満たすこと』が目的以外の何ものでもないじゃないか。『こんなに自分は正しいことを何度も言っていて、ダメなあなたはいくら言っても聞かない』っていうことに、ただダメを押してるだけじゃないのか」

マサヤ「確かに……そう言われてみれば否定はできませんね」

ドク「君がやったことは、野球でいえばストレートにこだわりすぎて、一度打たれたのにムキになってもっと速いストレートを投げようとしてボコボコに打たれるピッチャーみたいなもんだ。最終目的である『アウトにすること』、ひいては『ゲームに勝つこと』という本来の目的はどこかにいってしまって、自分の球の速さを証明して自尊心を満たすだけになって

「何度も病」……ありますよね

いたんだよ。違うかい？　さっきの『何度も病』も根っこはいっしょだ。よく人前で『何度言ったらわかるんだ』のようなことを言って部下をしかっている上司がいるけど、本人としては、自分のすごさと相手のダメさをアピールしているつもりかもしれないが、私には『自分は何度言ってもわからせることができないダメな人間です』と自ら告白しているとしか見えないよ。さっきの話に戻れば、変化球だって、ボール球だって、場合によっては隠し球だって、工夫のしどころはいくらでもあるんじゃないのかな。これも問題解決ピラミッドのWhy/What/Howで考えてみようか」

りょうこ「コミュニケーションにも適用できるんですね」

ドク「そのとおり。なんにでもいけるよ」

マサヤ「具体的にはどうするんですか？」

ドク「まず、コミュニケーションのWhy、つまり最終目的ってなんだと思う？」

マサヤ「『伝えたい相手にメッセージをちゃんと伝えること』ですかね？」

ドク「うーん、もう一歩。『結論から考える』を思い出してごらん」

りょうこ「『結論から考える』の応用は『相手から考える』でしたよね。そういう意味では、『伝えること』っていうのはまだ伝達者側からの視点ですね。そう考えると、『伝えたいメッセージが相手に伝わっていること』でしょうかね」

ドク「そうだね。その定義は行為じゃなくて状態になっているっていうところもいいね。まあ、さらにその先の『Why の Why』まで考えれば、その結果として『相手になんらかの変化を起こすこと』っていうことになるのかもしれないけど、コミュニケーションということで考えれば、まずはりょうこちゃんの定義でいいだろう。それを Why にする」

りょうこ「次は What ですね。伝わっているために何をするか？」

マサヤ「ここにくるんですね、『ちゃんと伝える』っていうのが」

ドク「そう。つまりそれは最終目的じゃなくて、あくまでも手段の一つだってことだ」

マサヤ「でも『伝わる』ための『伝える』以外の手段なんてありますかね？」

りょうこ「『伝えなくても伝わっている』っていう状態があり得るかっていうことよね」

マサヤ「ああ、そうか。『本人が勝手に気づく』っていうのもありじゃないですか？」

りょうこ「確かにそれもそうねえ。例えば本人が気づくように仕向けるっていうのも一つのコミュニケーションよね。最終目的はそれでも満たしているわけだから」

マサヤ「でもそんなこと可能かなあ？」

りょうこ「例えば、本人が気づくような環境づくりをすることによって、気づいてもらうとか」

マサヤ「具体的には？」

りょうこ「ちょっとすぐには思い浮かばないけれど、例えば……自分で考えるように失敗させてみるとか……」

マサヤ「確かに、失敗すると自分で原因を考えたりしますよね」

りょうこ「その場合、すぐに助け舟を出さずに、我慢して放っておくというのも一つの手かもしれないわね」

マサヤ「それもありますね。ところでドクさん、急に黙っちゃいましたけど、どうしたんですか？」

ドク「今、私は何かを『伝えた』かい？」

マサヤ「何もしゃべっていないから何も伝えてはいないですよ。なんでそんな当たり前のこと聞くんですか？」

りょうこ「わかったわ。今、私たちはまさに『伝えなくても伝わっている』っていう状態を体感したのよ」

ドク「わかってくれたかい？　今、君たちは私が何も『伝えて』いないのに、勝手に気づいたんだ。そういう手段もあるだろ」

マサヤ「なるほど。そういうことですか。『伝えなくても伝わる』っていう状態をやってみてくれたんですね。ほかにも考えればやり方の工夫はできるかもしれませんね」

ドク「そうだろう。『伝えない』っていう手段だってあるんだから、『伝える』手段なんて、それこそ星の数ほどあるよね。例えば、君は何をもって、相手が『わかった』と判断してた？　もしかして、単にうなずいただけで『わかった』と思っていたなんてことはないよね」

マサヤ「もしかしたら、あったかもしれません」

ドク「『わかった』にもいろいろなレベルがある。こんなふうにね（図表11－1）」

（図を描く）

ドク「へたをすると、この一番下の『相手がうなずきながら聞いていた』っていうだけで、相手がわかったなんていう誤解をしてしまう場合もあるだろう。

図表11-1　「わかった」のレベル

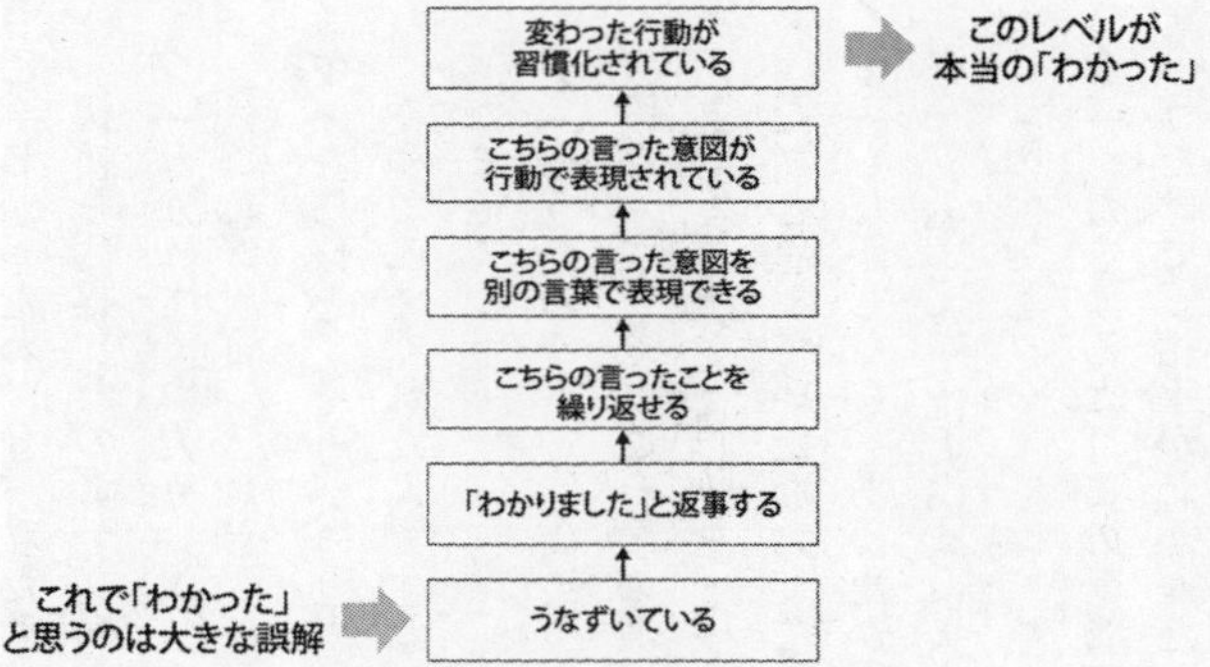

でも実際には、それをちゃんと自分の口で表現できて、実行に移せるまでは『わかった』なんて判断できないよね。さらに、それが習慣化されるレベルになってはじめて、本当の意味で『わかった』っていえるんじゃないのかな」

りょうこ「確かにそうですね。これも『伝わった』かどうかが重要っていうことですよね」

マサヤ「そうか。ボクは工夫が全然足りなかったっていうことですね」

ドク「それに気づいてもらえれば、今日の収穫は十分あっただろう。コミュニケーションのWhy/What/Howをまとめておこう。さっき

図表11−2　コミュニケーションの目的と手段の関係図

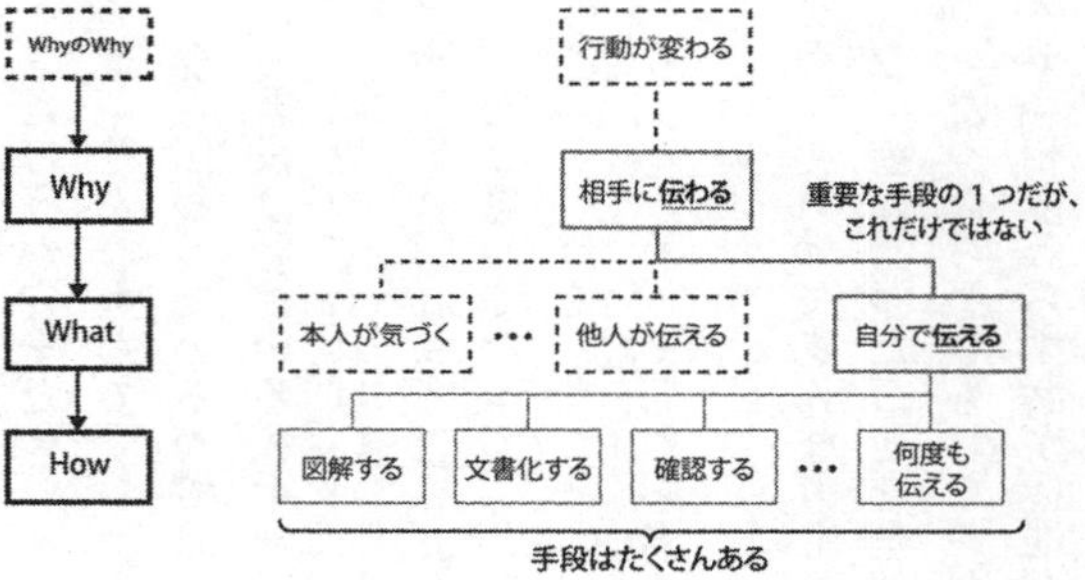

挙がった以外にも手段はたくさんあるだろう（図表11−2）」

（「コミュニケーション」版のWhy/What/Howを描く）

ドク「ここで肝に銘じておくべきコミュニケーションの鉄則がある。それは、『何も伝わっていない』を前提とせよ、っていうことだ」

マサヤ「それじゃ、コミュニケーションにならないじゃないですか」

ドク「そもそも今日の話の原点にあるのは、『伝える』と『伝わる』は天と地ほども差があるってことだ」

りょうこ「それを自覚していないのが『何度も病』患者っていうことですね」

ドク「そのとおりだよ。私たちが普段相手

に伝えているって思っていることは、ほとんど伝わっていないぐらいに考えたほうが安全だ」

マサヤ「そんなもんですかねえ」

ドク「伝わっているって思っているっていうのが最大の錯覚ってことさ。例えば普段話している相手っていうのは、そうだなあ……『ジャガイモだ』ぐらいに思っていればいい」

マサヤ「ジャガイモ⁉ ……ってことはドクさんはいつもボクのことをジャガイモだと思ってたってことですか？」

りょうこ「……っていうことは、私は『甘くておいしいサツマイモ』⁉」

ドク「ハハハ、そしたら君たちも私のことを『サトイモ』ぐらいに思っていればいいよ」

マサヤ「それってあんまりじゃ……」

ドク「前に言ったことを全部忘れてたって、相手が『ジャガイモとかサトイモ』だったら怒りもしないだろ」

マサヤ「相変わらず話が極端だなあ……」

ドク「そのぐらいに思っていればちょうどいい。これは君たちの理解が悪いとかっていう意味じゃない。人間なんてみんなそんなものさ。私だってそう。他人の言うことなんか理解しているつもりになっているだけ。伝えたつもりになっているだけだ。こんなふうにね（図表11-3）」

りょうこ「今、思ったんですけど、この話って以前にドクさんから聞いた期待値管理の話と似ていますね」

ドク「さすが、りょうこちゃん、よく気づいたね。マサヤくんのストレスっていうのが、まさにあの公式にあてはめられる」

マサヤ「もともと『理解してもらっている』っていう期待が高いからギャップが大きくなるってことですね」

ドク「そうさ。だからそれが全部ストレスに

図表11-3　コミュニケーションの誤解

なる。もちろん伝わるようにさまざまな手段を講じるっていうのも重要だが、前提である期待値を下げることでうまくいくこともいっぱいあるよ」

マサヤ「なるほど。そういう考え方もありましたか」

ドク「それから、世の中には二通りの人がいる。話が伝わっていないと思ったときに、相手が悪いと思う人と自分が悪いと思う人だ」

りょうこ「今度は、ストレスの公式の自分か他人かっていうところに視点が移りましたね」

ドク「そうだ、りょうこちゃん。応用が利いてるね」

りょうこ「自分が悪いって思えば、そこはコントロールできるから、改善はいくらでもできますよね」

マサヤ「なるほど、わかりました！　コミュニケーションに関しては自分で自分にいじめ抜かれる『ドM』ぐらいのほうがいいってことですね」

りょうこ「相変わらずたとえが下品ね」

ドク「まあ、言葉が適当かどうかはともかく、それは当たっていると思うよ」

マサヤ「今日の趣旨はわかりました。目先のやり方だけじゃなくて考え方から変えてみたほうがいいってことですね。まさに問題解決ピラミッドの原点にもう一度戻って、違うやり方も考えてみます」

（帰り道でのマサヤくんとりょうこさんの会話です）

マサヤ「いや、今日は参りました、本当に。頭をハンマーで殴られた感じでした」

りょうこ「『悪いのは相手じゃなくて自分だろ』っていうドクさんの言葉でしょ？」

マサヤ「ええ、そうですね。それに加えて、結局自分がやってたのは、自分が正しいことを証明したいだけだってことに気づいたことですね」

りょうこ「ああ、あれもね」

マサヤ「よく考えたら、ボクが毎週ドクさんに言われていることだって、いつも『同じこと』だったんですよ。『何度も同じこと言わせるな』って一番言いたかったのはドクさんだったはずです。でも、毎回毎回同じメッセージを、繰り返し繰り返し違う言い方で、ボクたちに辛抱強く教えてくれていたんですね」

りょうこ「そうね、考えてみれば。大事なメッセージっていつもいっしょだものね。それをいろいろな言い方とか図とか、ときにはちょっと変なたとえ話で説明してくれて、だんだん私たちもわかってきているわよね」

マサヤ「あと、『できない人の気持ちを考えたことあるか？』っていうあのせりふです」

りょうこ「そうだったの？」

マサヤ「本当は相手に理解してもらわなきゃいけないのに、ボクのやっていたことは単に相手を追い詰めていただけでした。自分が相手の立場だったら、絶対にあんな方法じゃ前には進めなかっただろうなって、つくづく思い知らされましたよ」

りょうこ「じゃあ、今週はとってもいい勉強になったっていうことね」

マサヤ「そのとおりですね。具体的な行動でこれから示していきたいですね」

まとめ

・コミュニケーションの鉄則は、「一切伝わっていないと思え」

・コミュニケーションの目的は「相手に伝わっている」ことであって単に「相手

に伝えること」とは大きく異なる

・単に「相手に伝えたこと」と「相手に伝わっている」こととは大きく異なる

・「相手に伝わっている」ことを達成するための手段は、「伝える」以外にいくらでもある

・コミュニケーション上の問題は「すべて自分が悪い」と思え

Lesson-7

人を理解する……「人を見て行動せよ」

プロジェクトも追い込みの時期に入ってきました。いよいよ将来像の実現に向けての詳細計画に入ってくると現実的な課題もたくさん見えてきたようです。
今週もいつものコンビがドクさんを訪ねています。

マサヤ「こんにちは」
ドク「やあ、そろそろプロジェクトも終盤だったね」
マサヤ「そうですね。いよいよ具体的にどうやって将来像を実現していこうかっていう計画を始めたところです」
ドク「いろいろと現実的なことを考え始めると大変なことも見えてくるだろ」
マサヤ「えーと、これは半分グチになっちゃうかもしれないんですけど……」
りょうこ「ああ、例の件？」
マサヤ「そうです」
ドク「なんだい？『例の件』って」
マサヤ「最近いつもりょうこさんと悩んでいるんですけどね。プロジェクトメンバーっていってもいろいろな部署から一〇人以上も集まるといろんな人がいて

　　……」
ドク「協力的な人もいれば、非協力的な人もいるってわけだね」
りょうこ「よくわかりましたね」
ドク「まあ、世の中いろんな人がいるもんさ」
マサヤ「今、週に一回プロジェクトメンバーみんなで集まって定例会議っていうのを開催しているんですけどね」
ドク「二人で幹事をやっているんだね」
りょうこ「そうです。これが苦労が多くって」
マサヤ「そうなんですよね。毎回決まったメンバーなんですけど、後ろのほうで腕組みしながら聞いていて、ことごとくこちらが考えた提案のあら探しをして、文句を言ってくる人たちがいるんですよ」
ドク「どこにもいるね、そういう人たちが一定の割合で」
マサヤ「そうなんですか？　こういう悩みを持っているのはボクたちだけじゃないってことなんですね」
ドク「そりゃきっと万国共通じゃないかな」
りょうこ「ほんとうに困ったものよね」

マサヤ「いつも次回はそういう人たちをギャフンといわせようと思って、二人で周到に準備しているつもりなんですけど、終わってみるといつも言われっぱなしでりょうこさんと頭を抱えているんですよ。なんとか来週はああいう人たちを黙らせたいんですけど、いい方法ないですか?」

ドク「そりゃ無駄な努力だね」

マサヤ「なんでそんな否定的なこと言うんですか。こんなに一生懸命やってる当事者に向かって」

ドク「そういう人たちは要するに『文句を言いたい』んだよ。だから一つの火種を消したらまた次の火種を必ず探してくる。およそ世の中に完ぺきな提案なんてものはない。だから、いちいちそれにつきあっていたら、いくら時間があっても足りないよ」

マサヤ「じゃあボクたち、どうすればいいんですか?」

ドク「この現象も問題解決ピラミッドで考えてみようか」

マサヤ「どういうことですか?」

ドク「つまりこういうことだ（図表12－1）」

（ドクさんがホワイトボードに図を描き始めた）

図表12-1　人間の思考・行動パターンへの適用

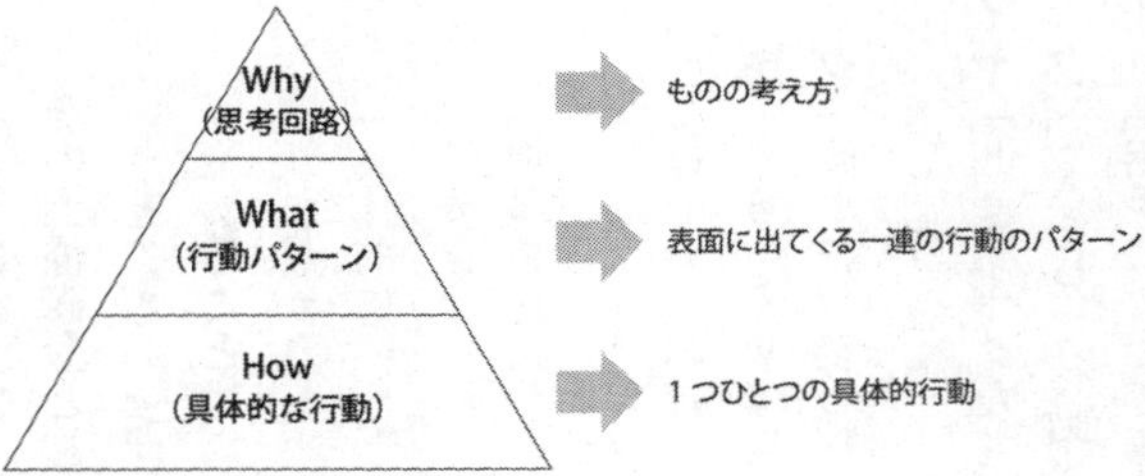

ドク「人の行動パターンっていうのも、表面に出てくる行動の背後には必ずその人の思考回路ってのがある。そういう人たちが具体的にいろいろなことに反対して、非建設的な意見を言うっていうのは、Howのレベルだ。このもとになる行動パターンっていうのは、『他人のやっていることのあらを探して批判する』っていうことだ。つまり、Howのレベルのもぐらたたきをしたところで、この行動パターンが変わらないかぎり永久に『次のもぐら』が出てくるだけさ」

マサヤ「そういうものですかねえ」

ドク「現にその人たちは既に何回もそういう行動をとっているだろう」

りょうこ「確かにそのとおりだわ」

ドク「さらに言えば、行動パターンっていうのはまだWhatのレベルで、さらにその上位概念としての『思考回路』っていうのがある。これがピラミッドでいうところのWhyだ。ここが変わらないかぎり行動パターンというのはまず変わることはないし、一瞬だけ変わったとしてもそれは一時的なもので、遅かれ早かれもとに戻ってしまうだろう」

りょうこ「具体的にいうとその人たちの思考回路っていうのはどうなっているんでしょうか？」

ドク「物事を常にシニカルに見て、自分ではリスクを負わずに、うまくいかなかったら『それみたことか』っていう思考回路さ。はっきり言って生き方としてはそっちのほうが楽だからね」

マサヤ「そういう思考回路って簡単に変えられるものなんですか？」

ドク「簡単には変わらないね。少なくとも本人にその気がないかぎりは無理だろう」

マサヤ「じゃあボクたち、どうすればいいんですか？」

ドク「『人を見て行動する』ってことさ」

マサヤ「相手によって態度を変えるってことですか？　それは何か嫌だなあ……」

ドク「もちろん、すべての人に『公平に』対応するってことは大原則だよ。でもそれは同じように行動すれば相手が動くかっていうのとは違うからね」

マサヤ「じゃあ具体的にそういう人たちにはどういう特徴があって、どう対処すればいいんですか？」

ドク「我々の身の回りの人たちは大きく二つのタイプに分けられる。『競技場に出てプレーしている人』と『それを観客席で見ている人』だ（図表12－2）」

（ドクさんはホワイトボードに比較表を書き始めた）

ドク「うーん、こんなところかな。右は二人が閉口しているシニカルな人たちの行動特性だ」

マサヤ「こう見ると実に困った人たちですね。なんでこんな人たちがいるんですかねえ……」

ドク「でも世の中に圧倒的に多いのは、『観客型』の人だよ。それにこの二つの分類っていうのは、一人の人のなかでだっていろいろな顔があるはずだ。例えばマサヤくんだって、確かに会社では常にプレーヤー的な態度で接しているかもしれないけど、スポーツを見るときは文字どおり『観客型』だろ」

マサヤ「確かにまあ、サッカーの試合を見ているときには、自分が実際にプレーすることなんかまったく考えずに、『なんであんな簡単なゴール、はずしたんだ！』なんてテレビの前で言ったりしてますね。でもそこまでいったらちょっと極端じゃないですか？」

ドク「まあ、確かにそこまでいくとちょっと極端かもしれないけど、仕事上だって、そういう態度になってしまうことだってないとはいえないだろ。例えば今、自分の会社で『自分が社長になったら』なんて考えたことあるかい？」

マサヤ「ああ、確かにそういう視点で考えたら、会社全体のことについて文句だけ言うことはあっても、自

図表12-2　プレーヤー型と観客型の比較

プレーヤー型の人	観客型の人
ポジティブ	ネガティブ（シニカル）
前に出てプレーする	後ろで腕組みして見ている
能動的	受動的
変化を起こす（革新的）	変化を嫌う（保守的）
リターンから考える	リスクから考える
できるにはどうするか考える	できない理由を探す
リスクや責任をとる	リスクや責任をとらない
大きなリターンを得る	小さなリターンしか得ない
うまくいかないのは自分のせい	うまくいかないのは他人と環境のせい
理想主義	現実主義
批判される	批判する
世の中を変える	世の中を日々動かしている
大きな何かを成し遂げる	大きなことは成し遂げない

分がその立場で考えているかっていったらそうではないですね」

ドク「それも一つの例さ。私が言いたいのは、一人の人のなかにだって場面によって両方の顔があるってことだ。それからもう一つ大事なことは、派手に見えているのは確かに『プレーヤー型』かもしれないが、実は世の中というのは、大多数の地味でも着実な『観客型』の人によって成り立っているってことさ」

マサヤ「確かにスポーツだって、観客の人が来なかったら成立しないし、会社だって、大多数の普通の社員がいるからこそ、成り立っているんですよね」

ドク「そうそう。さっきの二タイプは『世の中を変える人』と『世の中を動かしている人』の違いといってもいいかもしれない」

マサヤ「なるほど、そういうことですね」

ドク「そして、どちらのタイプにも長所もあれば短所もある。重要なのは、両者の立場や考え方を理解して行動する必要があるってことさ。片方の考え方のままで、相手の理解を求めてもうまくいかないことが多いだろう」

りょうこ「でも、この比較表を見るかぎり『観客型』の人たちの長所ってあまり見えないんですけど」

世の中には「プレーヤー型」と「観客型」の人がいる

ドク「確かにさっきの表ではそうだね。話の文脈から、少し否定的な面を強調してしまったかもしれないね。重要なのはさっき言ったように、こういう思考回路を持っている人っていうのは、実際の現場で日々仕事を回して『世の中を動かしている人』が多いってことだ。だから変化に対しては保守的な態度に出るし、自分が今やっていることに対して『本当にできるか』っていう観点で考え始めてしまう傾向が強い」

りょうこ「わかりました。『世の中を動かしている人』たちだから、現実的にできるかどうかを真剣に考えているっていうことですね」

ドク「そういうこと」

マサヤ「では、実際にボクが直面したような場面ではこういう人たちにはどう対処すればいいいんですか？」

ドク「根本的には、まずは基本的なものの見方が違うっていうことを十分理解して行動することだね」

マサヤ「それは理解できました。つまり、こちらの考え方を押し付けようとしてもうまくいかないってことですね」

ドク「まずはそれが一番大事だね。それから、プレーヤー型になって前に出るほうが後ろで文句言っているだけよりも一〇倍も、いや一〇〇倍以上も大変だっていうのは、一度でもそういう経験をした人は知っているはずだよ。ただし、前に出ないかぎり何事も成し遂げることはできない。つまりは観客型の姿勢でいるかぎり絶対にフィールドに出ることはないっていうことだ。このことを常に肝に銘じておくことだね。君の目指すのは間違いなく『プレーヤー』のほうだろ」

マサヤ「もちろん、そうですよ。ポイントはわかったような気がします。でもそれだけじゃ、具体的にどうすればいいかって、いまひとつわからないんですけど……」

ドク「例えば、これからやろうとすることのメリットばかり説明して『だからやりましょう』だけではなくて、きちんとデメリットも聞き出して理解したうえで、その点をどうすれば克服できるかをいっしょになって考えるっていうことだね。常に現実的に物事を考える人っていうのは、理想の状況を示して『そこに行きましょう』といっても、そこまでのギャップが大きすぎると『絶対無理だ』って言ってすぐにしり込みしてしまう。だから、むしろきちんと現実に目を向けて、一つひとつ解決していくっていう態度をとっていったほうがいい場合が多いんだ」

りょうこ「なるほど。それがこの表の意味なんですね」

ドク「そうそう。思考回路の違う人たちというのは、同じものの違う側面を見て話している可能性が十分あるから、それをわかって行動する必要があるね。だからムキになって『ギャフンと言わせてやろう』なんて思わないことだね」

マサヤ「わかりました。自分なりにもう一度、具体的なやり方を考えてみます。ところでドクさん、さっき『人を見て行動する』って言いましたけど、『プレーヤー型』と『観客型』以外にもこういう思考回路の違いの例ってありますか?」

図表12-3　職人型と商人型の比較

職人型	商人型
量より質	質より量
品質が保てなければ拡大しない	常に拡大志向
「モノ」に関心	「カネ」に関心
「いいものは売れる」	「売れるものがいいものだ」
できないものは「できない」と言う	まず「できる」といってから考える
期待値を下げようとする	期待値を上げようとする
すべて自分でやらなければ気が済まない	任せられるものは人に任せる
個人技で勝負	仕組みで勝負
ラーメン屋でいえば、「カウンター5席」のみ	弟子を増やし、のれん分けし、フランチャイズ化し、インスタントにしてコンビニで売る
「だまって食え!」	「お客様が快適に過ごせるお店にします」

ドク「そうだな……じゃあ、こんなのはどう？（図表13－3）」

（と言ってドクさんはホワイトボードに別の比較表を書き始める）

マサヤ「『職人』と『商人』かあ。確かによく『職人肌』っていう人いますよね。それもこうやって比較表で見せられると納得できますね」

りょうこ「うちの部にも両方いるわよね」

マサヤ「そうそう。N社担当のCさんは典型的な『職人型』ですよね。あの人の提案書、びっくりするほどできがいいからボクもそういうの作りたいって思って聞きに行ったんだけど、何しろ無愛想で頑固者」

りょうこ「逆にM社担当のDさんは典型的

「職人型」と「商人型」という思考回路もある

『商人型』。いつも『なんでもできます』ってお客様に言ってきて、確かに案件はいっぱい作ってくるんだけど、あとからよく開発の人から文句言われているの聞いたことあるわ」

ドク「例えばラーメン屋でいえば、『職人型』っていうのはカウンター五席しかなくて、おやじが一人でやっているようなところだね。逆に『商人型』になると、まず小さな店がうまくいったら弟子を増やして店を大きくし、レシピをノウハウ化して店舗を増やしてチェーン店にし、それをフランチャイズにして外部の人も利用できるようにして、さらにインスタントラーメンにしてコンビニやスーパーで売って……っていうことになる」

りょうこ「そのパターン、フランス料理のレストランでも同じパターンよね」

ドク「そうだね。フランス料理とかだとデザートやお菓子もパッケージ化されたりするよね。いろいろな商売で同じような二パターンが考えられる。当然のことながら、後者の『インスタント』の方向にいけばいくほど、売り上げは増えていく代わりに品質も誰でもできるそれなりのものってことになる（図表12－4）」

（と言って、ドクさんは両者の例をホワイトボードにまとめる）

マサヤ「これも『ピラミッド型』になるわけですね。下のほうにいくに従って値段も安くなるから、量も飛躍的に大きくなっていきますよね。これって工業製品とかでもみんなあてはまりますね。家具でもそうだし、食器とか衣類でも、はじめは少数の天才的な職人が始めて、そのまま本当にプレミアムな少数精鋭でやっているものから、その名前がブランドになってそこら中のお店で見かけるっていうパターンもありますよね」

ドク「そうそう。それから経営者でも大きくこの二通りの考え方の人たちがいて、昔から成功する企業にはこの二パターンの人たちがうまく協力しながら『質と量』のバランスをとってうまくやったりしているね。例えば『商人型』の

図表12−4　職人型と商人型の比較

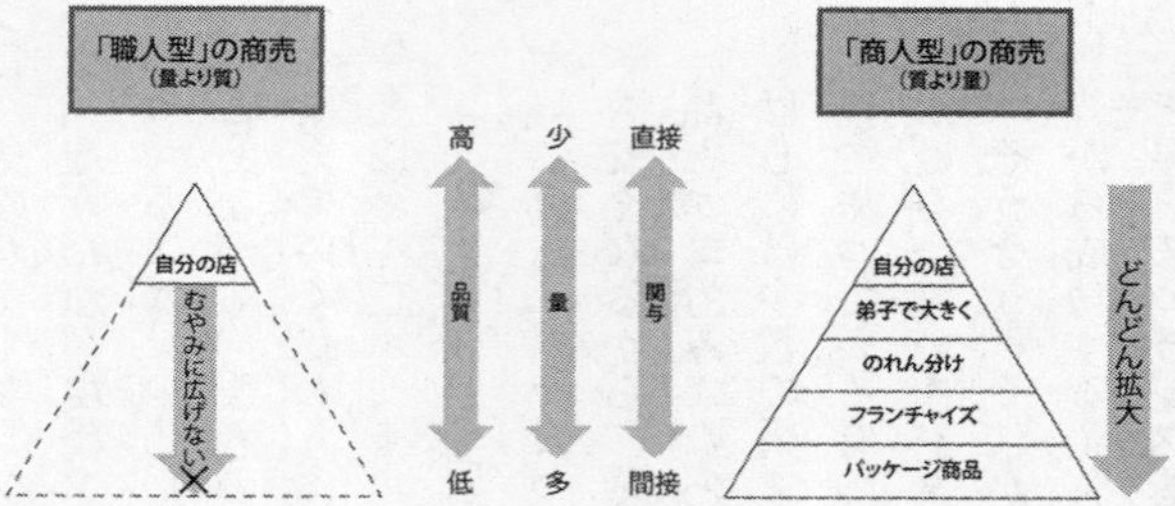

社長のわきに『職人型』の参謀がいてバランスをとったり、あるいは逆だったりね」

りょうこ「例えば、アクセルとブレーキの役割をうまくバランスさせるってことですね」

ドク「うん、そういう役割分担っていうのも考えられるね。それからこの考え方は個人のレベルでもあてはまる。例えば『人の育て方』っていう観点でもこの二つのタイプは特色が出てくるね」

マサヤ「どんなふうにですか？」

ドク「一般的に言って、職人型の人っていうのは人を育てるのがへただ。『だまってオレのやり方を盗め』みたいにね」

りょうこ「それは、この特徴にある『すべて自分でやらなければ気が済まない』っていうのが原因なんですか？」

ドク「よくわかったね、そのとおり。その代わり職人型っていうのは、自分自身個人として突出した能力を持っている人が多い。よくいう『優秀な上司の下で部下が育たない』っていうパターンの原因の一つがこれだ。これを問題解決ピラミッドにあてはめて説明してみよう。こういう長所とは逆に人を育てるのがへたという短所だ。言ってみればWhatは、もとをたどれば同じ『職人気質』とWhyという根っこに行き着くんだ。だから例えば片方の短所を減らそうとすれば、同時にもう一方の長所の部分も威力を失ってしまう可能性が非常に高い。こうした根っこも含めたメカニズムを十分に理解しておくことが重要だ」

りょうこ「そういうバランスって、ビジネス以外でもあるかもしれませんね」

ドク「今度の場合もポイントは、これもどちらがいいとか悪いとかではなくて、両者の長所と短所をうまく見定めながら、あるいは本人も自覚しながら物事を進めるのが必要だということだ」

マサヤ「なんか今、ドクさんの話を聞きながら、頭のなかに周りのいろいろな人のことが思い浮かんできました。あの人はこっちのパターンだとか、この人は逆だとか。確かにその違いによって意見が対立するっていうこともありましたが、こうしたメカニズムを知っていると、なぜ意見が対立しているのかっていうのが客観的にわかったりして、対処がよりスムーズにできるような気がします。まさに『適材適所』っていうことですよね」

マサヤ「『人間の行動パターンが思考回路によって変わる』っていうイメージ、だいぶつかめてきました。ほかにも例、ありますか?」

ドク「では次の例、狩猟型の人と農耕型の人だ」

マサヤ「『狩猟』と『農耕』ですか? そりゃまた一体どういう違いなんでしょうか?」

ドク「こんなふうになるかな(図表12－5)」

(ドクさんは先ほどの表を消してまた新たな表を書き始める)

マサヤ「狩猟っていうのは、次から次へと『猟場』を変えて一つのところで『獲物』をとり終わったら、次のところへ移っていくというイメージからきているんですね」

りょうこ「私もなんとなくわかってきました。逆に『農耕』っていうのは、一定の土地に住み着いて、一つの農地をじっくりと時間をかけて育てて長期的に収穫

図表12-5　狩猟型と農耕型の比較

狩猟型の人	農耕型の人
攻撃は最大の防御なり	防御は最大の攻撃なり
「短く太く」	「細く長く」
第一印象で勝負	長期の信頼で勝負
「数」で勝負	「期間」で勝負
フローで勝負	ストックで勝負
すべてが一期一会	限定的でも一生もののつきあい

　していくっていうイメージですね」

ド　ク「そのとおり。これが如実に現れるのが営業職だ」

マサヤ「新しいお客様を探してくるのがうまい人と、長期的に少ないお客様と継続的におつきあいするのがうまい人っていうことですね」

りょうこ「これも営業部の人たちを思い浮かべると、ものの見事に分かれるわ」

マサヤ「そうですね。Eさんは、いままで何年も競合の牙城だったP社さんからうちの仕事をもらってきて大喜びしてたかと思ったけど、今はまた別の新しいお客様を開拓しているようだし、Fさんなんかはまったく逆で、もう一〇年以上も同じQ社さんとおつきあいしているみたいですからね」

りょうこ「この二つのタイプって合コン相手とかでも

図表12−6　狩猟型と農耕型との比較

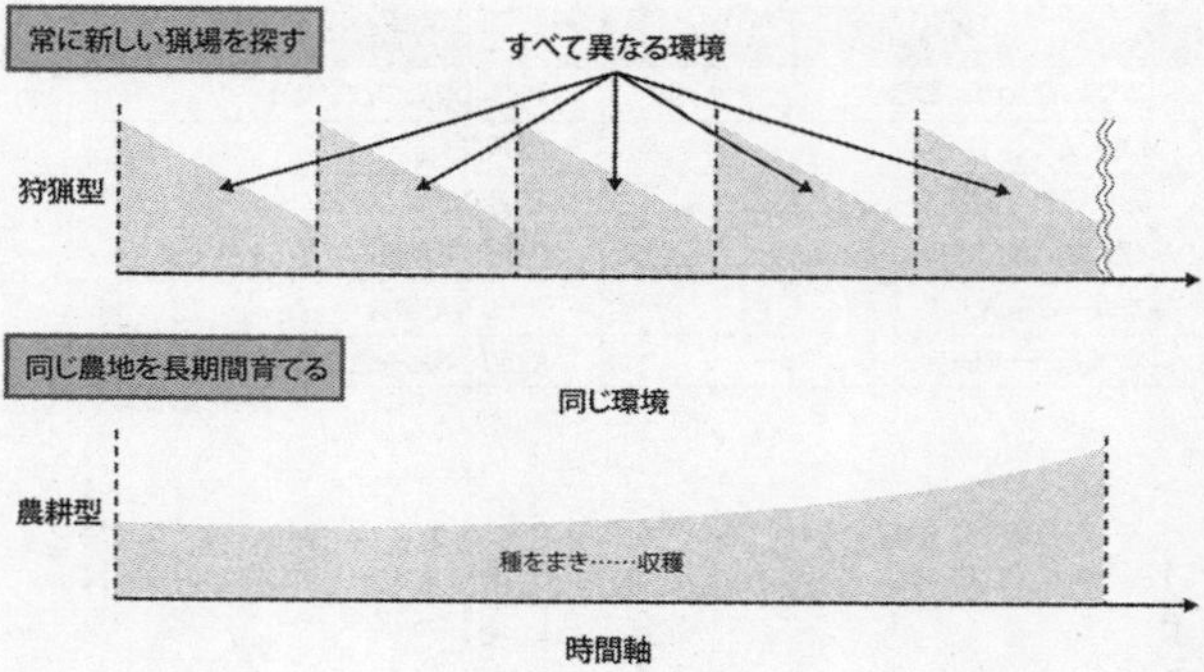

分かれるような気がするわ。その場で第一印象の強い人って、何度か会っていくと初めの印象ほどじゃなくなっちゃったり、逆に第一印象が薄い人のほうがだんだん味が出てきたりするってことあるわよね」

マサヤ「りょうこさん、そんなに合コン荒らしてたんですか⁉」

りょうこ「いやその……友達の話よ」

マサヤ「怪しいなあ……まあいいや」

ドク「まあ、りょうこちゃんも少しはそういうのがないとまずいよね。あんまり追及はしないでおこう。この二つのスタイルを図解するとこんなイメージかな（図表12－6）」

（今度はまた新しい図をホワイトボード

図表12-7　営業型と開発・生産型との比較

営業型	開発・生産型
売上志向	コスト思考
「お客様は神様!」	「いいものを安く作る!」
お客様の数だけ商品が必要	なるべく標準化したい
必要ならお金は使う	1円でも安く

に描く）

マサヤ「これはどういうふうに見ればいいんですか？」

ドク「第一印象で勝負の『狩猟型』は、新しい場面で威力を発揮して、そのインパクトで勝負して、その印象が薄れるとまた次の新しい場面に移っていく。『農耕型』は第一印象は薄いが、長期的関係で勝負する。ここでいう『面積』をどうやって確保するかで二通りのスタイルがあるってことだ」

マサヤ「なるほど。いろいろと考えてみると深いですね、確かに納得できます。ほかにも何か例はありますか？」

ドク「次はもう少し具体的なタイプ分けをしてみよう。例えば会社のなかでも営業っていう『売る側の人』と、開発・技術や生産系の『作る人』っていうのも基本的な思考回路が違っているね（図表12-7）」

（……と言って、また以下の表を書き始める）

マサヤ「確かにあてはまるような気がします。よく社内ではお互いのことを『理解できない』って言い合ってたりしますね。よく会議でも議論になりますが、その『構図』はいつも同じような気もします。あと、気づいたんですけども、これさっきの商人と職人の構図にちょっと似てますよね」

ドク「そのとおりだよ。まあ商人というのは文字どおり直接的に商売に関係するっていう点では営業職に通じるものがあるし、職人っていうのももとをたどれば『もの作り』からきているからね。でもなかには『職人気質の営業マン』とか『商人気質の開発者』なんていうのもいるよね」

りょうこ「そうやって考えてみると、いろいろな切り口で見れば個人個人でいろいろなタイプの組み合わせになっているのがわかりますね」

マサヤ「そうですね。そういうふうにきちんと相手のタイプを考えてみれば、これまで以上に今やっているプロジェクトもうまく進められるような気がしてきました」

ドク「大事なのは二つの相対する思考回路が存在しているという構図を理解しておくことだね。そのうえで対立を解消していけば、基本的理解の相違で話が

図表12-8　そのほかの思考回路の比較

対立する思考回路の例	
Tell 型（話し上手）	Listen 型（聞き上手）
楽観的	悲観的
前向き	後ろ向き
能動的	受動的
草食型	肉食型
企業家型（リスクテイク）	官僚型（リスク回避）
学者（「正しい」ことが重要）	実務家（「役に立つ」ことが重要）
屋外で充電する人（太陽電池型）	屋内で充電する人（携帯電池型）
……	……

まったく噛み合わないということは最小にできるだろう」

りょうこ「ここまでの三つのほかにもきっとこういう切り口ってあるんですよね」

ドク「そうだね。いくつか例を挙げておこうか（図表12－8）」

（また表を書く）

ドク「これらは二人への宿題だ。周りの人達を観察してみるといいよ。決して短絡的な偏見を持ってはいけないが、その人の思考回路がどうなっているかを考えて行動するっていうのは非常に大切なことだからね。何度も言うが、これらの特徴は必ず長所にもなるし短所にもなるから、なるべく長所を生かせるように仕向けるってところがポイントだね」

りょうこ「どれどれ……おもしろいわね、これ。充電の仕方が『太陽電池型』と『携帯電池型』って確かにあるような気がするわ。家にいるほうが充電できる人と外に出て活動することそのものが充電になる人と」

マサヤ「毎晩遅くまで仕事しているのにそのあとまた夜中まで飲んで、それでも誰よりも朝早くから仕事しているG課長ってどっちに入るのかなあ……」

りょうこ「それは、太陽電池の応用の『ネオン充電型』でしょ（笑）」

ドク「なるほどね。初めに図（図表12－1）で示したようにいろいろな人の具体的な行動には必ずその人の『思考回路』が反映されている。だからそれを理解するにも表面に現れることだけではなくて、その人の『思考回路』を理解しておくことが必要だ。そうすれば、具体的な行動を変えようとするときに、一つひとつに対してアプローチするだけでなくて、根本的なところに手を打つことができるようになるっていうことだ」

りょうこ「そうは言っても、人間の思考回路って一朝一夕に変わるものでもないですよね。今のとは逆のアプローチはないんですか？」

ドク「それもありだね。個々の具体的な行動を変えていくことによって、思考回路も変えようっていうことだよね」

マサヤ「両方からアプローチするのが有効みたいですね」

ドク「そうだね。いずれにしてもこういう構造を心にとめておくことが必要だね」

まとめ

- 人間の行動の背景にはその人なりの「思考回路」がある
- 具体的には、「観客とプレーヤー」「職人と商人」「狩猟と農耕」といったように、人によって思考回路のタイプが異なる
- 人を動かしたり、理解してもらったりするためには、相手の思考回路を十分理解したうえでのアクションが求められる

Lesson-8

プレゼンテーション……「相手の立場に立つ」

いよいよ来週にジンナイ常務への提案プレゼンテーションを控えたマサヤくん、今日は一人での訪問です。
ドクさんに頼んでリハーサルをやることになりました。

ドク「いよいよプレゼンは来週だったね」
マサヤ「ええ、そうです。やっと提案の内容がまとまってきたんで、ドクさんに模擬プレゼンして聞いてもらおうかと思って」
ドク「よし、わかった。じゃあ聞こうか」
（マサヤが、ＰＣを取り出してドクさんがいつもＤＶＤ鑑賞に使っているプロジェクターを使って、ゆうべ準備をしてきたプレゼンテーションスライドの説明を始める）
マサヤ「それでは始めます」
ドク「どうぞ」
マサヤ「本日は今回の提案書共有についての報告をさせていただきます」
（こうしてジンナイ常務向けの一五分間のプレゼンテーションが続いた……）

マサヤ「今回のご提案は以上です。何かご質問はありますか？」
ドク「ふーん……」
マサヤ「何か質問してくださいよ」
ドク「私は途中で何回あくびした？」
マサヤ「いやそういう質問じゃなくて……」
ドク「何回あくびしたか聞いてるんだよ」
マサヤ「だから、そんなどうでもいいような質問じゃなくて、内容に関しての質問とかないんですか？」
ドク「どうでもいい質問じゃない！　そこが一番大事なところだ!!」
マサヤ「えっ!?　ドクさんまじめに言ってるんですか？」
ドク「まじめもまじめ、大まじめだよ」
マサヤ「あくびの回数って……どういう意味ですか？　要するにつまらなかったってことですか」
ドク「おもしろかったかどうかは二の次として、君は私が一回でもあくびしたことに気づいたかい？」

マサヤ「いや、プレゼンの内容に集中してたんで気づきませんでした」
ドク「それが君のプレゼンの最大の問題だよ」
マサヤ「えっ？　だって、一番大事なのは準備したプレゼンをいかにうまく説明できるかってことじゃないですか」
ドク「根本的なところから間違っているね」
マサヤ「どういうことですか？」
ドク「君は今日どうしたかったんだい？」
マサヤ「だから言ったじゃないですか。来週、ジンナイ常務への提案プレゼンがあるんで、ドクさんに聞いてもらって意見をもらおうと思ったんですよ」
ドク「ということは、今日の私はそのジンナイ常務と考えればいいわけだよね」
マサヤ「そうですよ」
ドク「ということは、本番でジンナイ常務があくびを何回しようが君は気づかなかったことになる」
マサヤ「……」
ドク「君の視線は、プレゼンの間中ずっとスクリーンに映し出された資料のほうばかり見ていて、まったく私のほうは見ていなかった。あれじゃあ、例えばプレゼンの途中で私が君の大好きなグラビアアイドルと入れ替わったってまったく気づかなかっただろう」

（「ソンナコトアルワケナイダロ、バカナコトイウナ、コノオッサン！」とマサヤは心のなかで思ったが、口には出さなかった……確かにドクさんの言うとおりだった……自分はプレゼンの内容を一生懸命に説明することだけに心を奪われて、聞いているドクさんのことなんて途中ではすっかり忘れてしまっていた……）

ドク「君はその日のプレゼンでどうしたいの？」

マサヤ「常務から改善計画を先に進めることの計画と予算についての承認をいただきたいんですけど」

ドク「そうだよね。そのためにはどうすればいい？」

マサヤ「ですから、今回やってきたことをうまく説明して……」

ドク「そこが違うんだよ」

マサヤ「どうしてですか？」

ドク「君はすべてのことを自分中心に考えてるよ。いいかい、『結論から考える』ってことをもう一度思い出してごらん。『ベクトルを逆転すること』だって言ってるよね。君の顔は『説明したくて説明したくて仕方がありません』っていう表情なんだよ。相手に関心があろうがなかろうがね」

マサヤ「……」

ドク「それじゃあ、例えば君が服を買うときのことを思い出してごらんよ。まったく趣味に合わない服を、一生懸命自分の世界に浸りきって『商品のよさ』を説明してくる店員から買いたいと思うかい？　そうじゃないだろう。例えばどうして欲しい？」

マサヤ「ボクがどんな趣味だとかを最初に聞いてほしいですね。せめて向こうが説明している商品をどう思うかまずは聞いてほしいな」

ドク「そうだろう。それが『相手から考える』ってことだ」

マサヤ「わかりました。一番最初に考えるべきこ

プレゼンは「相手から考える」

とは、ジンナイ常務が何に困っていて、何をしてほしいか、そのために今回ボクたちがどう役立てるか、ってことを伝えられればいいわけですね」

ドク「そのとおり。そう考えれば、君がゆうべ徹夜で……」

マサヤ「なんで徹夜したってわかるんですか？」

ドク「君のその真っ赤な目を見れば誰だってわかるだろう」

マサヤ「そうでしたか」

ドク「君はよく『徹夜して忙しい』なんて言ってるけど、その程度のことで徹夜するぐらいだったら、ゆっくり寝てちゃんと頭を使ったほうがいいんじゃないの？」

マサヤ「まあそういわないでくださいよ、ボクなりに最善のことをやろうとしてるんですから」

ドク「その努力は認めよう。だから今日のプレゼンは一〇〇点満点の五点。五点分はその熱意に対して。あとは〇点だ」

マサヤ「厳しいなあ……まあでも仕方ないか。じゃあ、少しはどうすればよかったか教えてくださいよ」

ドク「まず今日のプレゼン、私が始まる前に『要点を三〇秒で説明して』って言ったらどう説明した？」

マサヤ「えっ、三〇秒？　そんなの無理ですよ。だってここまで何人もで二カ月もいろいろ調査とか分析とかやってきた結果なんですよ。アタラシ課長もよくそんなこと言うんだけど、『わかってないなあ』って思いますよ」

ドク「わかってないのは君のほうだよ」

マサヤ「えっ？　まったく理解できないんですけど……」

ドク「私がよく言うだろう。『単純に考えろ』って」

マサヤ「だって二カ月も分析してきた膨大なデータを『単純に考えろ』って言われても……」

ドク「単純に説明できないのは、本当にわかっていないからだよ。どんな分析や報告書にも『メッセージ』がなければいけないんだ。要するにそこから何が得られたのか、何が学べるのかということだ。君はおそらく分析に没頭するあまり、その先の目的を忘れてしまったんだ。またしても『Why なき What 病』患者の出来上がりだ。君に今必要なのは、その結果から何が学べて、それが相手にどういう意味があるかという本質的メッセージを自分の頭を使って徹底的に考えることだ。そこから出てくる結論は必ずシンプルなものにな

単純に考えると本質的なメッセージになる

っているはずだよ。例えば『重要なのはシステムの導入じゃなくて、モチベーションを起こさせる仕組みだ』とか『その結果期待できる成果はコレコレだ』とか……」

マサヤ「わかりました。確かにこれまで分析と報告書作成に時間をとられすぎていて、そこから出てくるメッセージが何かという視点が抜けていたので、考えてみます。そのほか気づいたことはありますか？」

ドク「では、初めから振り返ってみようか。まず君はどうやってプレゼンを始めた？」

マサヤ「いつも目的、目的ってドクさんにしつこく言われてますから、このプレゼンの目的から説明しました」

ドク「まずそこまではよかろう。それで、君のプレゼンの目的はなんだった？」

マサヤ「①プロジェクトの背景の説明、②調査内容の報告、③プロジェクトチームからの提案です」
ドク「それは本当に目的かい？」
マサヤ「そっかあ……またやっちゃいました……今はドクさんの言いたいことがわかります。これは全部『ボクがやりたいこと』のリストにすぎませんでした」
ドク「じゃあどうやって始めるべきだったと思う？」
マサヤ「『相手から』でしたね。まずはジンナイ常務に、今日はどこを聞いて何を判断してほしいのか、そのためにこちらが何を用意してどういうふうに説明するか、ということですね。それから中身のサマリーの『さわり』もかな」
ドク「よし、八〇点」
マサヤ「まだ足りないんですか？」
ドク「これは今日に限った話だけど、前のような話を『今日はドクさんに聞いてもらいたい』んだろ？　そしたら、今日は『この私に』どうして欲しいかを最初に明確にすべきだね。たとえ既に先週の時点で来週は〇〇をお願いしていたとしてもだ。この手の話は伝わってないものという前提で始めたほうが無難だね。確認には三〇秒もかかるわけじゃないから。まして私が忘れっぽいってのはよく知ってるだろ？」

マサヤ「ちょっとボケが始まってますからねえ（笑）。いつもドクさんが言っているように、『相手を見てものを言え』ですね」

ドク「うるさい！　とにかくあとの二〇点はそれだ」

マサヤ「そこはわかりました。ほかには何かありますか？」

ドク「そうだなあ、いっぱいあるが……今日のプレゼンは一五分だったね。これをもし五分でやってくれと言われたらどうしてた？」

マサヤ「一五分のプレゼンとして発表の準備をしてきましたからね。五分にしろって言われたら……説明するスライドの三分の二を読み飛ばすか、早口でしゃべるかになりますね」

ドク「ハハハ。だと思ったよ」

マサヤ「どうしてですか？」

ドク「君の説明は、一ページ一ページ、覚えてきた内容を順番に話しているって感じだったからね。おそらく途中のスライドの順番が変わっていたり、何ページか歯抜けになっていたとしても、君は気づかないか、あるいはパニクって、そのあと頭が真っ白になっていただろう。何度もいうが、大事なのはメッセージだ。君は『説明すること』に熱中して、『メッセージ』を忘れてしまったようだね（図表13－1）」

（そう言ってドクさんはホワイトボードに図を描き始めた……）

（ドクさんは自分で描いた上の図を指して）

ドク「いいかい、これが君の説明の仕方だ」

マサヤ「一つひとつのスライドを飛び移っているイメージですね」

ドク「そのとおり。だから途中でページが抜けたら、『隙間に落っこち

図表13－1　全体を意識しながらプレゼンする

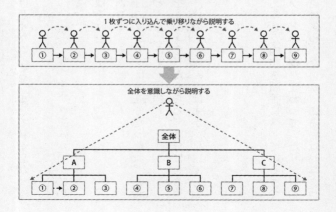

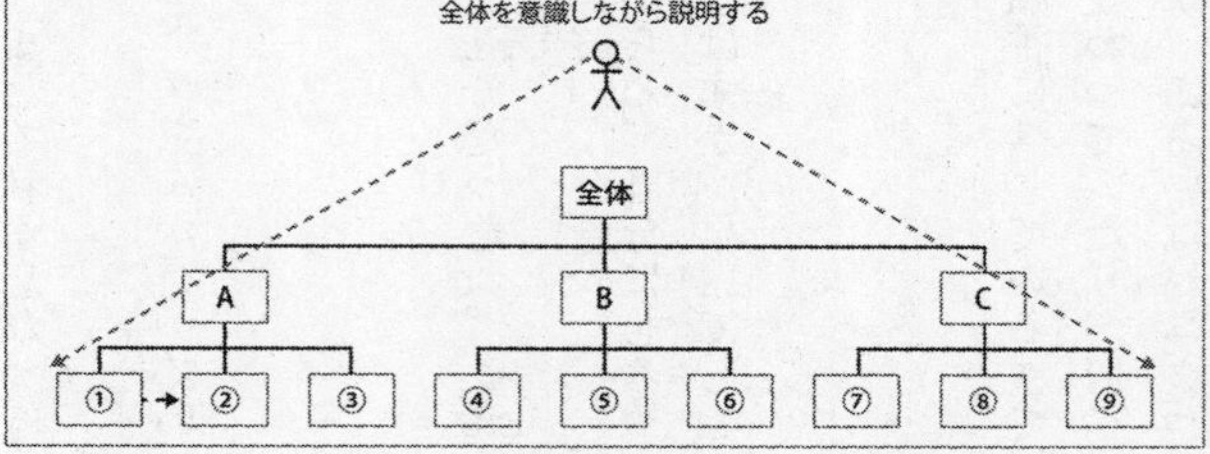

る』ことになるだろう」

マサヤ「ではどうすればよかったんですか？」

（今度はその図を指して）

ドク「まずはこんなふうに全体のメッセージ、そして各パートの要点のメッセージをはっきりさせるんだ。各スライドはこれらのメッセージを伝えるために存在しているはずだろ」

マサヤ「なるほど。こういうふうに考えれば、途中のスライドがなくても『自分がどこにいるか』を意識しているから、『隙間に落っこちる』ことはないですね。でもこれって言うのは簡単だけど、実践するのってすごく難しそうだなあ」

ドク「それもそのとおりだ。だからそれを意識して練習すればいい。すぐにはできなくても、こういう『あるべき姿』を意識して訓練することが大事なんだ」

マサヤ「わかりました。少しでもこの域に達せるように努力してみます」

ドク「ただ、実はその前に片づけておくべき根本的なことがもう一つある」

マサヤ「なんですか、それは？」

ドク「次々に出てくるスライドの連続でだまされそうになるが、実は君のプレゼンテーション資料は、各ページが有機的につながっていないんだよ」

マサヤ「有機的につながっていないっていうのはどういうことですか？」

ドク「スライドとスライドの関連がはっきりしていない、つまり論理的でないということだ。『論理的』っていうのは、つまり各々の項目が誰が見ても無理なくつながっているっていうことだ。言い換えれば、それぞれのページが『適切な接続詞』でつなげられるっていうことだ。いまの君のプレゼンは、ページが切り替わった瞬間に、つながりがなくなっていることがよくあった」

マサヤ「何度もあくびをしながら、よくそんなチェックができましたねえ……」

ドク「茶化すんじゃない。ここは非常に重要な話をしているよ。論理的かどうかっていうのは、どこの誰が聞いても話が飛んでいないっていうことだ。たぶん君のなかでは話がつながっているつもりだったのかもしれないが、私にはすっかりその『接続詞』が見てとれなかったんだ」

マサヤ「そうかあ。自分ではなんとなくつながっているつもりだったんですがねえ」

ドク「『なんとなく』じゃだめだ。いいチェックの仕方を紹介してあげよう」
マサヤ「ぜひ教えてください。確かにスライドのページ数が増えてくると、さっきの話じゃないんですが、『あれ、ここところってどういう関係だったのかなあ』って思うことがよくあったんですよね。でもスライドを作るのに忙しすぎちゃって、そこまで頭が回らなかったんで」
ドク「だと思ったよ。そういう人には特に有効なやり方だ（図表13－2）」
（図を描く）
ドク「上半分が、今のスライドを模式的に示したものだ。各スライドのつながりがよくわからない。『似て非なるスライド』がたくさんある。これは全体の構造があいまいなままにスタートしたときに出る典型的な症状だ。それから、並列しているとおぼしきスライドの粒度、つまり細かさが中途半端に違っているんだ。だから聞いている途中で『あれ？』って思う場面があって、非常に聞きづらいんだ」
マサヤ「うすうす思っていましたが、こうやって図解されるとはっきり自分のダメさがわかってきました」
ドク「こういう状況を改善するためには、全体のページを接続詞で結んで図解してみるといい。うまい接続詞がぴたっとはまらなくて、スライドとスライドの間の説明を口頭で長々と説明しなければならないのがあるとすると、それは不自然だと考えたほうがいいよ」

マサヤ「なるほど。これはぜひあとでやってみます。『論理的』っていうのと『論理的でない』っていうことの違いがよくわかった気がします」

ドク「それから、なぜ私が何度もあくびをしたかわかるかい？」

マサヤ「ここまででもあくびが出る理由は十分ですが、まだあっ

図表13-2　各スライドページの関係を明確にする

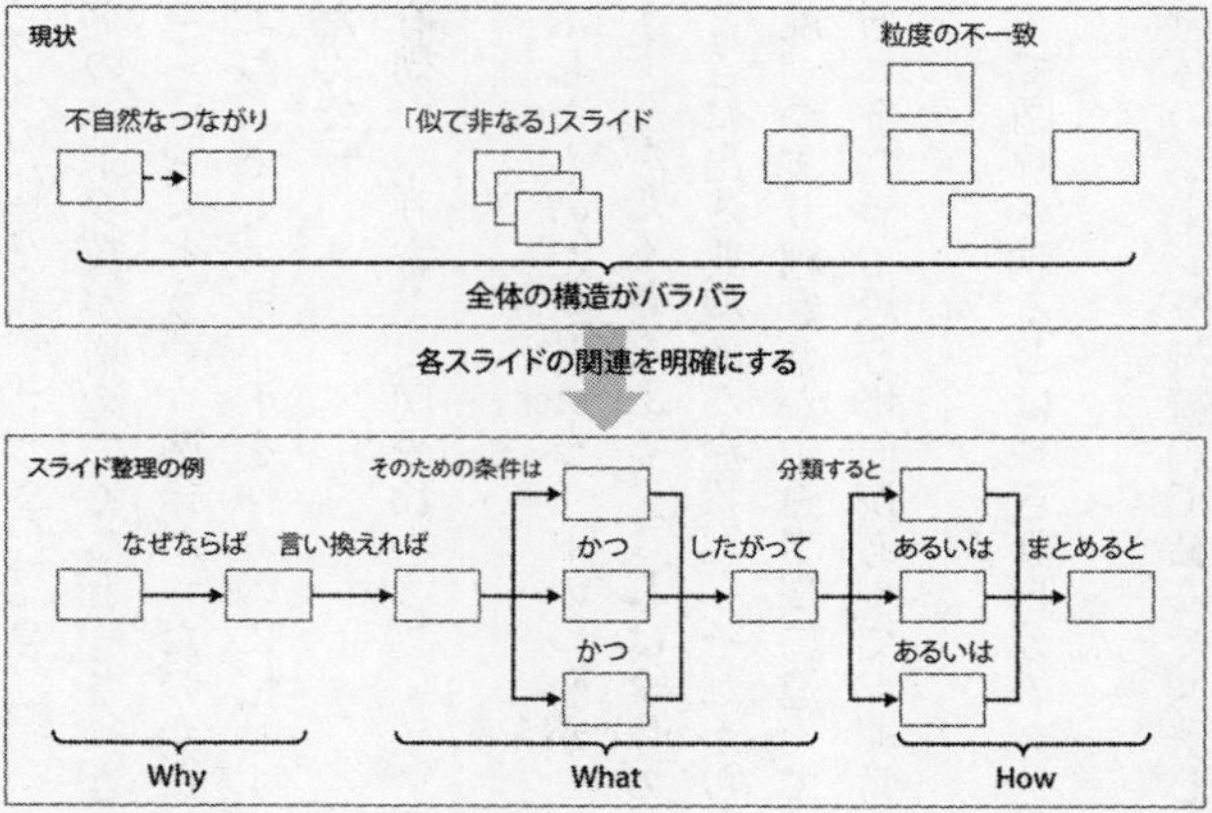

たんですか?」

ドク「そう。君の説明はまったく私の心に響かなかったんだよ」

マサヤ「『心に響く』って言ったって、音楽のコンサートじゃないんですからねえ」

ドク「君は常務に計画を承認してもらいたいんだろう」

マサヤ「そうですけど」

ドク「いくら大会社とはいえ、これから何十人もの人を動かしたりそれなりの予算を承認してもらうのに、『心を動かす』必要がないと思うかい? 例えば君はこの前何十万も出して新しいバイオリンを買ったって言ったよね。それはなんらかの形で心が動いたからじゃないかい?」

マサヤ「確かに大枚はたくためには、相当のきっかけは必要ですね」

ドク「これがさっきの君のプレゼンで出てきた言葉だ。『弊社の提案書共有の方法には抜本的な見直しが必要です』『提案共有プロセスの最適化が必要です』『大幅な効率化が求められます』……これで心が動くかい?」

マサヤ「どういう意味ですか?」

ドク「例えば君が電車で足を踏まれて『遺憾の意を表明します』って言われて謝られた気分になるかい? こういう一般的な、教科書的なといってもいい、そういう抽象度の高い言葉は『文句のつけようがない』かわりに人の心には一切響かないんだ。もちろんこういう言葉を使わなければいけない場面だっていっぱいある。多数の人の目に触れる報告書などはこうした言葉で記述するのが適当な場合もあるだろう。でもこれは生身の人間をその場で相手にしたプレゼンテーションだ。徹底的に具体的に、固有名詞や数字を使って常務に生身の人間として語りかけるべきなんじゃないのかな。インタビューの仕方の話のときに『T字の視点』の話をしたのは覚えてる?」

マサヤ「ええ、覚えてますよ。横棒が全体像、縦棒が詳細までの具体例で、これを両方意識するといいっていうことでしたよね」

ドク「これがプレゼンの話をするときにもあてはまるっていうことだ」

マサヤ「つまり、今のボクのプレゼンは縦棒の生々しい具体的な言葉や固有名詞、数字が抜けていたっていうことですね」

ドク「そういうことだ。だからココロに響かないんだよ。それから、ジンナイ常務はいくつぐらいと言っていたかな?」

マサヤ「たぶん五〇代の前半ぐらいだと思います」

ドク「だとしたら、君のその背伸びしたものの言い方――さっきの抽象的な言葉遣いという意味だが――がかえって不自然に思えるだろう。君はある意味で相手に『なめられまい』として、中途半端に難しい言葉を使っているつもりだろうが、親子ほど年の離れた常務はそんなもの簡単にすべて見破ってしまうよ」

マサヤ「そんなもんですかねえ」

ドク「そりゃそうだ。相手もだてに年は食ってないと思うよ。『中途半端な背伸び』手法は、大学生相手に合コンするときに君が社会人面するんだったら役に立つかもしれないが、百戦錬磨の役員にそんなもの通用しないと考えたほうがいい。むしろ相手にとっては君が若い感性で自分の言葉で話すほうがよっぽど『心に響く』と思うけどね」

マサヤ「こりゃやっぱりドクさんじゃなきゃ指摘してもらえないことですね。ありがとうございます。ただ、これまでの話を聞いていると、今までボクが論理的にやってきた分析とかが無意味に思えてきてしまうんですけど、そんなことはないんですか？　結局相手の関心次第ってことですよね」

ドク「それは違うよ。誤解がないようにそこのところをはっきりさせておこう。確かに私はさっきから、相手を見てそのニーズに応えなさいという話を一貫して続けてきた。でもそれは、それまでにやってきた分析や作った報告書に意味がないということではないんだ。今までの話はあくまでも『プレゼンテーションにおいて』という意味だ。実際の中身に関しては誰にも客観的にわかるように徹底的に論理的じゃなきゃいけない。でもそれを人に説明するときには相手に合わせてやらなきゃいけない。そういう関係だと言えば、わかってもらえるかな?」

マサヤ「わかりました。では報告の内容の分析は手抜きせずにとことんやった上で、説明の仕方はあくまでも『相手が主役』という観点で一から見直してみます」

ドク「がんばれよ、健闘を期待しているよ。うまくいったときには、おいしいものをごちそうするよ。りょうこちゃんも入れて祝勝会でもやろう」

まとめ

プレゼンテーションも基本は「目的から、相手から考える」である

・具体的には、「相手にどうして（どうなって）ほしいか」を明確にしてからすべてをスタートする

・個々の説明ページに埋没せずに、全体俯瞰の視点を持って説明する必要がある

・論理的に話すためには、個々の説明ページが有機的に（適切な接続詞で）つながっていることを十分に確認する必要がある

・相手の心に響かせるためにも「T字の視点」を忘れずに

Lesson-9

最終プレゼン＆祝勝会
……「問題解決ピラミッドはなんにでも使える」

プレゼンテーションのリハーサルでのドクさんからの結果のフィードバックを受けてマサヤくんは軌道修正を行い、ついにプレゼンテーションの当日を迎えました。

内容については、先日の内容を修正したうえでアタラシ課長と十分すり合わせを行いました。プレゼンのリハーサルもりょうこさんや職場の仲間にも何度か聞いてもらって本番当日を迎えました。まずはリーダーのアタラシ課長から、この二カ月の活動概要が紹介されたあとに、詳細説明はマサヤくんのプレゼンの番です。周到な準備のかいあって、ジンナイ常務を相手に思ったとおりのプレゼンテーションができたようです。

さて、問題は最後のQ＆Aを無事に終えてジンナイ常務を説得できるかどうかですが……。

マサヤ「提案書共有の改善方法についての今後のご提案は以上です。何かご質問はありますか？」

ジンナイ「では、最初に私が依頼したシステム導入をするより、今の課題を解決するいい方法があるっていうことだね」

マサヤ「二カ月にわたるインタビューやアンケート調査や、効果の算出などから、そういう結論になりました」

ジンナイ「まあ確かに『システムを入れたらどうか』とは言ったが、それは暗に『今の提案のやり方をなんとか改善できないものか？』っていう私の問題意識からきているっていうのは、君の言うとおりだよ。だから確かにそれ以上の方法があるんなら、システムを入れることにはこだわらないがね。おまけにこの提案のほうがコストもかからないみたいだからね。さっき質問した『効果』のところは本当にそれだけの効果が期待できるっていうふうに考えてもいいのかな？」

マサヤ「もちろん、最終的にはやってみなければならないですが、インタビューの内容と、提案書にかかっている時間の業務分析、それから実際に提案書の内容の分析結果から、もし共有がうまくいけば、これだけの省力効果は十分に期待できると思います」

ジンナイ「今、『もしうまくいけば』っていう表現を使ったけど、うまくいかない可能性っていうのもあるんだね？」

マサヤ「それが、プレゼンのなかでご説明した、モチベーションの問題です。やれば効果が出るのは間違いないんですが、やっぱりみんな忙しいので、やったことがちゃんと評価されるかとか、あるいは周りの人にきちんと認められるかっていうのが一番重要だと思います。そのためにも常務をはじめとする幹部の方々から管理職の方へも十分に趣旨など徹底していただくのもお願いしたいと思います」

ジンナイ「よしわかった。それについては全面的に協力しよう。その代わりに、実際に今提案した仕組みの効果が出るまでは、もうしばらく君もこのプロジェクトの主担当として、アタラシ課長といっしょに活動をリードしていってもらえるね」

マサヤ「はい、ぜひ最後までやらせてください」

（祝勝会で）

最終プレゼンテーションが無事に終わって、ジンナイ常務からは、めでたく実行のリソースと予算に関しての承認が下りました。マサヤくんは引き続いてそのプロジェクトの主担当として、詳細計画を実施することに決定しました。今日はそのお祝いをドクさんがしてくれるというので、りょうこさん

成功の美酒は……ウマイ！

も含めた三人で祝勝会です。

マサヤ「なんだぁ、ドクさんが『おいしいものごちそうする』って言うから期待してたら新橋の焼き鳥屋ですか？」

ド　ク「いつも言ってるだろ。見かけにだまされるなって。大事なのは『カタチ』じゃなくて『ココロ』だよ」

マサヤ「なんだか例によってだまされたみたいだなあ……」

ド　ク「『だまされた』なんて人聞きの悪い。心を込めてお祝いしようっていうんだからね」

りょうこ「でもこのお店すてきよね。小ぎれいだし、メニューもとってもおいしそう」

ド　ク「さすが、りょうこちゃん。ちゃんともののよし悪しを見極めてるね。それはそうと、提案が通ったみたいでおめでとう」

マサヤ「ありがとうございます。ドクさんのおかげです」

ドク「私は好き勝手に言っていただけだけどね」

りょうこ「でも、マサヤくんのプレゼンテーション、いろいろな意味でジンナイ常務や部長さんクラスからは評判よかったようよ。アタラシ課長も、『彼がちゃんと最後までやるんだよな』って念を押されたって言ってましたから」

ドク「そりゃ、大変光栄なことじゃないか。プレゼンはどんな感じだったの？」

マサヤ「この前のリハーサルでドクさんから言われたことを自分なりによく考えて準備しなおしました。『原点は、相手がこれを見てどう思うか』ってことを徹底的に考えて、あとはプレゼンの場でも常務やキーパーソンの反応を見ながら、なおかつ人数もそれほど多くなかったので、なるべく途中でも質問を受けながら進めました」

ドク「見てみたかったね」

マサヤ「ちょっと恥ずかしいですけどね。その場でもたぶん興味を持ってくれたんじゃないかなって思いました」

ドク「へえ、それはどうして？」

マサヤ「プレゼンソフトでプレゼンしてたんですけど、ある部分でボクが次のページにいったのに、常務の視線が手元の資料の前のページから離れなかったんですよ。今までのボクだったら、そんなことに気づかなかったか、気づいてもお構いなしにどんどん『練習してきた』プレゼンをそのまま続けていたと思います。でもこの前のドクさんとのリハーサルがあったんで、次のページの説明をきりのいいところで止めて、すかさず『ここまででご質問はありますか？』って聞いたんです」

ドク「なるほど、それはよかった。それで？」

マサヤ「実はそこは『現状の提案書の内容分析と共有の可能性の定量的評価』っていうところで、自分でもこだわって分析した結果の部分で、かつおそらく興味を持ってもらえそうなところだと思っていたので、十分に質問を想定して準備しておいたところだったんです」

りょうこ「ヤマがあたったってわけね」

マサヤ「確かにそうなんですけど、それは単なる偶然ではなくて、相手の立場で一体どこに興味があるだろうっていうのを徹底的に考えた結果であると思っているんです」

ドク「それはきっとそうだね」

りょうこ「でもそれがうまく結果に現れてよかったじゃない」

マサヤ「ありがとうございます」

ドク「じゃあ、乾杯しよう」

マサヤ・りょうこ「乾杯！」

マサヤ「ドクさんに問題解決ピラミッドっていうもののいろいろな使い方を教えてもらって、最近いろいろなことに適用できるかって試しているんですけど、実は本当にいろいろなことに使えるんだなって実感しています」

ドク「例えばどんなことに使ってみたの？」

マサヤ「最近いろいろなことを同時進行させたりしていて、うまく時間の管理ができていないんで時間管理の本とかを読んでいたんですけど、これもやっぱりＩＴツールとかスケジュール帳みたいなHowのことばっかりやっているんじゃなくて、そもそも自分はなんのために時間管理しなきゃいけないんだろうっていう、Whyの部分が大切なんじゃないかって思えてきたんです。『どうやって管理するか』、つまりHowの部分を考える前に実は『何の時間を管理したいのか』つまりWhatの部分を決めることが重要ですよね。そのためには、Whatのレベルの優先順位をきっちりつけるのが先だって気づいたんです。さらに考えたら、結局優先順位をつけるために必要なのは、自分は何のためにそれをやるんだろうっていう自分の目的意識とか最終目標を考えないことには、優先順位ってつけられないっていう結論になったんですよ（図表14－1）」

（時間管理への問題解決ピラミッドの適用の図を入れる）

りょうこ「マサヤくん、ずいぶん変わったわねえ。私も同じように、ダイエットにあてはめて考えてみたのよ。いろいろなトレーニング

図表14－1　時間管理への適用

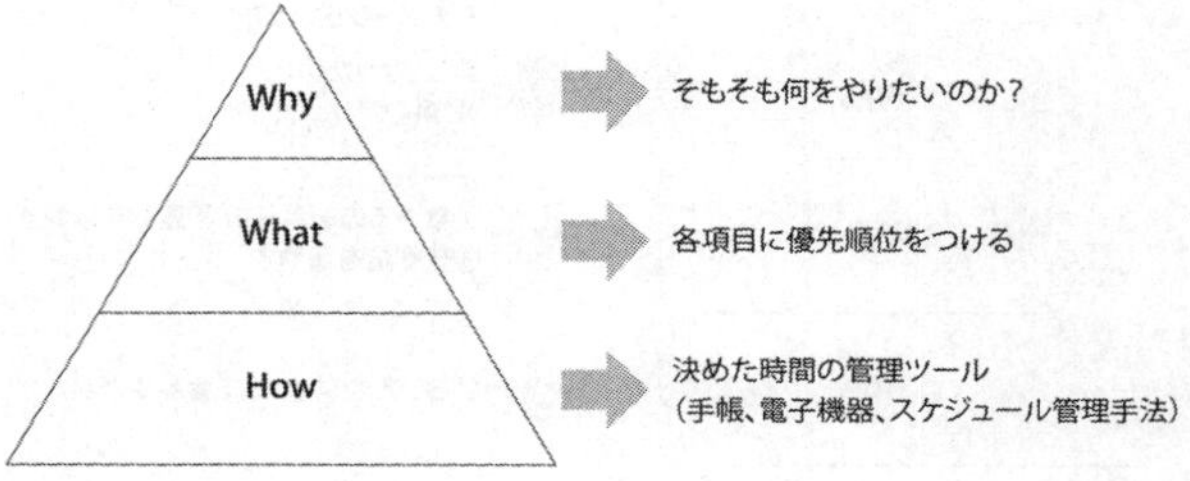

ツールとか、ダイエット食品とかってHowのレベルはいろいろあるけど、結局やっているWhatのレベルはシンプルで『入ってくるものを減らす』つまりカロリー摂取を抑えるか、『出ていくものを増やす』つまりカロリーをどうやって消費するかってことで、やっぱり大事なのは、動機づけ、つまりWhyの部分なのかなって（図表14-2）」

（ダイエットへの問題解決ピラミッドの適用の図を入れる）

ドク「これに関しては、原理がわかっても実践できるかとは別問題かもしれないけどね。でも我々の身の回りのことはほとんどこういう構図で成り立っていて、うまくその構図を利用して考えることが問題の解決に役

図表14-2　ダイエットへの適用

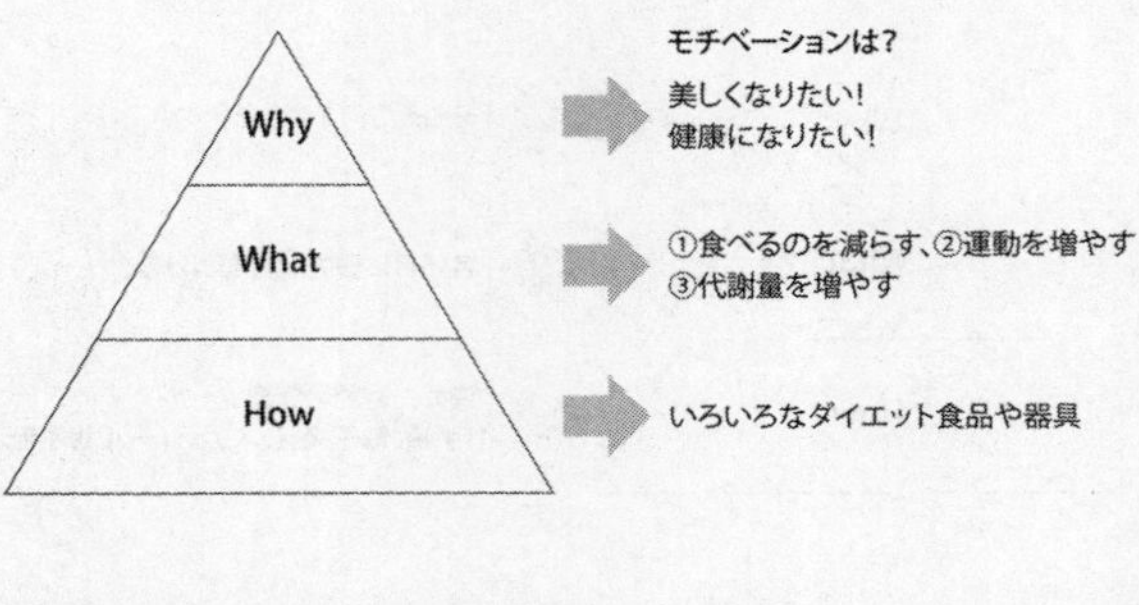
Why
What
How
モチベーションは？
美しくなりたい！
健康になりたい！
①食べるのを減らす、②運動を増やす
③代謝量を増やす
いろいろなダイエット食品や器具

立つのは間違いないと思うよ。だから困ったときにはまずこの構図で考えてみれば、頭のなかを整理できるのは間違いないと思うね」

マサヤ「現にドクさんはボクが仕事で困ったときにはほとんどこの構図で説明してくれましたからね」

ド　ク「使いこなすには場数を踏むのが一番だよ」

ドクさんからの手紙……「グッドラック」

巷に新入生や新入社員があふれる四月上旬。マサヤくんは例の提案書共有プロジェクトの実行担当になりました。この前提案した提案書共有化の、今度は実施段階の中心メンバーとして担当することになったのです。今度は今までとは比べ物にならないほどたくさんの人を巻き込んだプロジェクトになっていきます。

家で夕食を終えてから、パソコンに向かってその計画を考え始めました。大きな進め方の方向性について相談しようと、ここ二、三週間訪ねていなかったドクさんにまた連絡のメールを打とうとしていたところ、母親から「そういえば今日、手紙がきてたわよ」と渡されました。ドクさんからでした。早速中身を出してみると便せんが五枚入っています。お世辞にも達筆とはいえませんが、いつものホワイトボードの字を思い出させる、いかにも理科系の人らしい丁寧な手紙です。

マサヤくん、この前はありがとう。きっと今ごろはこの前提案した新しいプロジェクトが始まったころだね。君のことだからまた自分に新しい課題を課して、私を訪ねようとしているころじゃないかと思う。残念だがしばらくは君の相談には乗ってあげられないよ。また放浪の旅に出ることにしたんでね。そろそろヨーロッパの競馬シーズンが始まるから、今年はクラシックレースを全部見てこようかと思う。残りの人生、一〇〇％好きなことやって過ごすって決めてるからね（笑）。最後にはアメリカに渡ってブリーダーズカップを見てくるから、帰ってくるのは一一月下旬のジャパンカップの前ごろだろう。だから、しばらく家を空けることにするよ。

マサヤくんにとってもちょうどいい機会じゃないかと思う。この半年間、君とはいろいろな話をした。君はこんな倍以上も年配の言うことも素直に吸収してくれて、ずいぶん変わったと思う。でも一つ、私がまずかったと思って反省しているのは、気分よく話させてくれるもんだからずいぶんと調子に乗って「教えすぎてしまった」ってことだ。君は何か困ったことがあると私に相談しにくるっていう癖がついてしまった。それはそれでとてもうれしいことだが、今の君に一番必要なことは、他人を頼らずに「徹底的に自分で考える」っていうことだ。半年間で日々のビジネス（あるいはこの前の新橋での話のとおり、日常生活でも）の問題解決をするにあたっての必要な「基本部品」はすべて伝授したつもりだよ。だから今必要なのは、その基本部品を使って新しい課題にチャレンジし、自分の頭でそれを完成品に組み上げるってことだ。いつも言ってきたとおり、考えるって行為に大切なのは「Why」っていうのを常に問い続けることだ。ピラミッドの頂上が何かっていうのを常に考え抜いてほしい。実際に目に見えたり、行動するときに必要になるのはWhatでありHowだが、それもこれもWhyがあってのことだ。困ったときは常に原点であるWhyに戻ること。そうすれば自然にやることが見えてくるはずだ。

「講義」のまとめとして、今後の宿題もかねて一つの「種明かし」をしておこう。それは、私がいつも言っている「結論から」「全体から」「単純に」考えるっていうことと「問題解決ピラミッド」との関係のことだ。初めに話したときには、まだ早いだろうと思って言わなかったんだが、この三つというのは、実はすべて同じことを言っているんだ。それは、三つとも「ピラミッドの上に登っていく」っていうことを意味しているっていうことだ。「結論から」っていうのは、目的から考えるっていうことだったよね。つまりこれはWhyを徹底的に追求することにつながる。「全体から」っていうのは、Whyという三角形の頂点から、Howというさまざまな解決手段を俯瞰するということ。逆に言えば、地面の視点から見るから具体的な解決手段ばかり見えてしまうっていうことだ。そして最後の「単純に」っていうのは、物事の本質に迫っていくということ。これもWhyを繰り返して「押し返す」っていうイメージを思い出してもらえればわかると思う。つまり「結論から」「全体から」「単純に」っていうのは、すべて違うルートからピラミッドを登っていくっていうイメージだ。日常起きている具体的な問題には、すべてこのイメージで取り組んで自分の頭を使って考えていけば、自ずと道が見えてくるだろう。ピラミッドの頂上に登りきったときに周りの景色を眺めてみれば、きっと地上から見たのとは「世界が変わって見える」はずだ。かくいう私だって頂上まではおろか、まだ「五合目」までも来ていないよ。むしろ、登れば登るほど頂上は遠くなって雲の上に隠れていってしまう気もするよ。年齢とともに荷物は重くなるし、目は悪くなるし、上に行けば空気も少し薄くなってくる気もするがね。それでも登るのをやめないのは、まだ途中の今だって振り返って後ろを見れば地上にいたときとは比べ物にならないほどに世界がよく見えるからだ。頂上に行ったらどんな景色が見えるんだろう？　そう考えるだけで少なくなった残りの人生もワクワクしながら毎日を過ごせるよ。

君にも十分その準備ができているんじゃないかと思う。君にはほかの人に備わっていない決定的な素養が二つあると私は感じているよ。一つ目は「人の話を素直に聞ける」ってことだ。これは簡単なようでいて、なかなか実際にできる人はいない。特に私みたいによくも悪くも中途半端な経験があるものから見るとそう見える。そしてもう一つが「目の輝き」だ。言い換えれば知的好奇心と「何かを達成したい」というモチベーションといってもいいだろう。これは私が初めて飛行機のなかで君に会ったときに強く感じたことだ。だからこうやって半年間いろいろな話をしてきたつもりだ。

これから日本は今までどの国も経験したことのない、つまりはおそらく人類始まって以来の超高齢化社会に入る。つまりそれは、好むと好まざるとにかかわらず若い人への負担が増えてくる、裏を返せば期待も大きくなるってことだ。私も含めて、君の世代に説教をし、苦言を呈しているおじさん、おばさんたちはしょせん「観客席」の人にすぎなくなるんだ。いつか話したように、結局世の中を変えられるのは、競技場に立ってプレーする（あるいは日々そうしようと準備している）人たちだけだ。どんなに文句を言われようが、これだけは忘れないでほしい。

それでは、次のプロジェクトもベストを尽くすことを期待しているよ。では秋に会おう。また吉報を待ってるよ。

グッドラック。

ドク

おわりに

本書は、二〇〇九年に刊行された『地頭力のココロ』を文庫化したものです。六年近くの歳月を経ていますが、ビジネスにおける問題解決の重要性、とりわけ「そもそも何が問題なのか?」という上流段階での問題発見を含めた広義の問題解決の重要性は、業界や職種によらずその間高まる一方であると感じています。

「言われたことだけ」やっていては、高い付加価値のものを生み出せないのは、個人も、その集合体としての組織も同じであり、AIやロボットの飛躍的な進歩によってそのような仕事はますます淘汰されていくことになるでしょう。

機械やコンピュータと違う人間の決定的な武器が「自ら考えること」です。六年の間にICTやAIの技術が飛躍的に進歩してきたことを考えれば、今後そのような人間の「差別化ポイント」の重要性は高まっていく一方といえます。そんな「自ら考えること」をビジネスへどのように具体的に活用していくのか、そのような用途に本書をぜひ役立てていただきたいと思います。

What(具体的に定義されて明確になった問題)を介してWhy(目的、理想、抽象、関係性、……）とHow（手段、現実、具体、個別事象……）といった対立概念の間をつなげることが人間の思考の基本です。それは業界や職種やあるいは時間も超えて普遍的に用いるべき人間の思考であり、それを具体化し実践するためのツールが本書の「問題解決ピラミッド」です。ぜひ本書により、「自ら考えて行動する」ことで、業務の付加価値向上につなげてもらいたいと思います。

最後に、本書を文庫化という形で再び世の中に広げる機会を提供していただいた、筑摩書房の羽田雅美様に感謝を申し上げます。

二〇一五年一月

細谷　功

解説　仕事術の本は、これを最後に卒業しようね。

海老原嗣生

ビジネス書という類の本は、その値段が一五〇〇円を超えると、だんだん使えない割合が高くなってくる。二〇〇〇円を超えた日には、まずめったに良い本はない。逆に、一五〇〇円以下の手の届く価格のものに、けっこう良書が見つけられる。この本もその例にもれず、安くて非常に良いものだ。

なぜ、高い本に当たりがないのか。その理由こそ、本書のすばらしさの裏返しともいえる。

高くて分厚いだけに、余計なことがたくさん書いてあるのだ。それも、研究書よろしく、理論的な話がけっこう多くを占める。しかし、そんな理論の説明は、蘊蓄オヤジとして与太話をするとき以外にはまったく役に立たない。だから、ビジネス場面では、わかりにくくて意味のない役立たずの本となる。

この本は、たった四つのことしか言っていない。それを、懇切丁寧に、何度も場面を変えながら、心に残るような至言や比喩を用いて、説明していく。それも、ページを繰るごとに、話は次第に高度になる。それでも、前回出てきたときに学んだことがしっかり肥やしになっているから、らせん階段から下を見渡しながら、苦も無く上っていくことができる。最初に出てきた、カフェテリアでオードブルばかり並べてしまう喩えなど、ものすごいキーポイントであり、あまりの至言のため頭から離れず、結果、社内プロジェクトで営業マンにヒアリングするときも、「カフェテリアになっていない？」のドクさんの一言で、読者はすぐに、階下で学んだことを思い出せる。そこに、ＰＰＴや４Ｃ、３Ｐなどが奥行として必要最小限に付されている。とても小憎らしい作りといえるだろう。

例を出せばきりがない。ガス抜きのところで出てきた、「負けギャンブル症候群」は、逆向き志向のところの「ないない病」が通底していることに気づいたか。初出の場面でドクさんが言った言葉を胸に刻もう。

「『学生のときに』（中略）『二〇代のときに』（中略）『もっと若いときに』（中略）本当にそう思う人は、結局残りの人生から考えたら『今日が一番若い』わけだから、その場からスタート」すべき、と。う〜ん、こんな還暦オヤジになりたいところだ。

ところがなかなかないんだよねぇ。学者もどきが書くような高い本はダメともう話したが、安めで優しい顔をしたコンサルや実務者が書いた本だって、ダメなところだらけ。それは、How かせいぜい What のところを書き連ねるからだ。その結果どうなるか。

「営業マン（企画でも経営者でも上司でもいい）に必要な○○のルール」といった本になる。

そしてこの○○には、たいてい10以上、多い場合だと30もの数字が入る。どんなに卑近でわかり易いことでも、5を超えるようなルールを人間はとっさに使いこなすことなどできやしないだろう。そんなことをわからず能書きを垂れている著者は、それこそ、だめビジネスパーソンであり、茹でそうめんで首をくくった方が良いのだ。

人は、たった数個のことしか理解運用できない。それを重層的に深める作業の方が重要だ。そしてなによりも、そのルール自体がHowではいけない。Whyでなけりゃ。

この本は、本自体がその趣旨を愚直に守る構造となっている。だから良き本なのだ。

さて、ではこの本を読んだ読者はどうすべきか。

明日からこの本をもとに、仕事に取り組んでいこう、と決意するのは良いだろう。

ただその前に、一つ、あなた方の仕事効率を劇的に上げる方法をお教えしたい。

それは、「仕事術を語る本を読むのはこれを最後にする」こと――本書の冒頭にも出てくる。仕事本は多かれ少なかれ、言っていることはおんなじだ。ならば、良書を一冊徹底的に読み込み、それを咀嚼して完全に自分のものにしたら、それで十分なのだ。

そのあとは、自分の頭で考えること。そして、自分なりのアンテナを張り巡らすこと。そちらの方が大切なのだ。逆にこれ以上、類書を読むことは時間のムダ。のみならず、必ずやビジネスパーソンとしての成長に害をもたらすと警告をしておく。

実は、「Why、What、How」も、「後ろから」も、「全体を見通して」も、「シンプル」に、も企画という仕事の基本中の基本でしかない。これは英語が全くできない中学生に英文法を教えているようなものだ。英文法をひととおり覚えれば、稚拙な紋切型の文章を書くことは誰でもできるようになる。

そんな感じで、この本で書かれたことをいっぱしに使えるようになった若い部下たちが、まるでおんなじような、誰にでもできる企画書を作るのに、私は企画部署の上司として辟易したことがあった。それは、成果イメージから始まり、そこに行き着くアジェンダが整えられ、フレームワークを使った現状分析が出発点となる。

スムーズで合理的であり、説得力に富むその構造は、企画の仕事にうとい、素人経営者の賞賛を得ることになるだろう。ただし、目の肥えた本物の経営者や、もしくは企画セクションの古株からは、何の評価もされない。

そこには、発見も想像も個性も何もないからだ。ある程度の秀才なら、たたけば誰でもできる、それだけの薄っぺらなのっぺらぼうにしか見えない。

そこから先は、知恵や経験や個性を用いて、自分なりの付加価値を加えていかなければならないんだ。そこまですべてが、フレームや計算でできるほど世の中は甘くない。

そういう意味で、ドクさんが競馬で負け続けるあたりに、私はとてつもないメッセージを感じてしまった。

コンサル的な仕事とは、複雑でわかりづらい世の中を、単純化しわかり易く整える仕事といえるだろう。そのため、単純化のふるいにかからなかった些末な事象は抜け落ちていく。

しかし、現実社会とはものすごく複雑多岐にわたるものであり、その抜け落ちた事象が絡まりあって、相互に関係しあい、案外大きな変化を生み出す。

だから、コンサルの話は、整理や効率化には強いが、長期的な展望などでは、その通りにならないことが多い。

競馬の世界も同様なのだ。いくつかのパラメータで切って単純化した予想では、とてつもない痛手を食らうことになる。

そしてもう一つ。アイデアや発想とは、定型的な定理では作れない。

たとえば、ユビキタス（そこかしこにコンピュータがある状態）を社会が求めている。そこまでは二〇〇〇年当時のIT企業であれば、みなわかっていた。で、ガラケーという答えを持ち込んだのが日本の通信キャリア。でも、それは世界の人々の心をつかまなかった。

対して、スマートフォンを持ち込んだのは、スティーブ・ジョブズ。この発想は、フレームワークでは絶対に出てこないだろう。せいぜいできるのは、二番煎じでスマホを大量に作る韓国のあの大手みたいなことくらいだ。

わかってもらえたかな。まずは、この本を完全に消化して、単純合理的な世界の入り口に立つ。

そして、複雑怪奇な現実社会にノックアウトされながら、経験や知識を積み、勘を磨く。

そのうえで、マーケティングから発せられた、単純明快な方向性に対して、個性的で創造に満ちた肉付けをしていく。

これらの力がそろって、本物のできる人なんだ。

三つのうち、本で仕組みとして学べるのは、せいぜい最初の一つだけ。あとは時間をかけて少しずつ深めるしかない

だから、早くここを卒業すること。

いつまでも入り口で立ち往生し、より目新しいフレーム構造はないか、とハーバードのケースを読み漁って、モノマネと単純化ばかりうまくなるツマラナイ失敗者を多々見てきた。

知の巨人である野中郁次郎さんも、ミンツバーグもそんなMBAバカたちをとことんダメなやつらだ、と喝破しているから、さ。お忘れなく。

（えびはら・つぐお　雇用ジャーナリスト）

本書は二〇〇九年五月、ソフトバンククリエイティブより刊行された『地頭力のココロ』を改題したものである。

ちくま文庫

仕事《しごと》に生《い》かす地頭力《じあたまりょく》
――問題解決《もんだいかいけつ》ピラミッドと9つのレッスン

二〇一五年二月十日　第一刷発行
二〇二二年四月五日　第三刷発行

著　者　細谷功（ほそや・いさお）

発行者　喜入冬子
発行所　株式会社　筑摩書房
東京都台東区蔵前二―五―三　〒一一一―八七五五
電話番号　〇三―五六八七―二六〇一（代表）
装幀者　安野光雅
印刷所　中央精版印刷株式会社
製本所　中央精版印刷株式会社

ISBN978-4-480-43246-9 C0195